서강대학교 리하르트 셰플러 연구소
종교철학 총서 **01**

# 셰플러의 종교경험론

서강대학교 리하르트 셰플러 연구소
**종교철학 총서 01**

# 셰플러의 종교경험론

**초판 1쇄 발행** 2022년 4월 29일

**지은이** 이종진
**펴낸이** 박민우
**기획팀** 송인성, 김선명, 김선호
**편집팀** 박우진, 김영주, 김정아, 최미라, 전혜련
**관리팀** 임선희, 정철호, 김성언, 권주련
**펴낸곳** (주)도서출판 하우

**주소** 서울시 중랑구 망우로 68길 48
**전화** (02)922-7090
**팩스** (02)922-7092
**홈페이지** http://www.hawoo.co.kr
**e-mail** hawoo@hawoo.co.kr
**등록번호** 제475호

**값 9,000원**
ISBN 979-11-6748-045-3 94200
ISBN 979-11-6748-044-6 (set)

이 책은 저작권법에 따라 보호받는 저작물이므로 무단전재와 무단복제를 금지하며,
이 책 내용의 전부 또는 일부를 이용하려면 반드시 저작권자와 도서출판 하우의 서면 동의를 받아야
합니다.

서강대학교
리하르트 셸러 연구소
종교철학 총서

01

# 셸러의
# 종교경험론

**이종진** 지음

# 차례

머리말 / 7

**01** '경험'이라는 말의 의미 / 21

**02** '경험'과 '해석'의 문제 / 35

**03** 종교적 경험의 노에시스 / 51

**04** 종교적 경험의 노에마 / 65

**05** 종교적 경험의 인식표지와 합리성 / 77

**06** 종교적 경험의 신학적 의미 / 91

**07** 종교적 경험의 도야 / 105

머리말

## 본서의 목적과 주제영역

본서의 목적은 독일의 철학자인 리하르트 셰플러(Richard Schaeffler, 1926~2019)의 '종교적 경험에 대한 이론'을 소개하는 데에 있다.

'종교적 경험'이라는 용어는 서구의 학문적 배경 안에서 볼 때 18세기 말엽 프리드리히 슐라이어마허(Friedrich Schleiermacher)가 그의 저서인 『종교론』(1799)에서 제시한 프로그램에 힘입고 있다. 사안적으로 '종교적 경험'이라는 주제는 윌리엄 제임스(William James)의 저서인 『종교적 경험의 다양성』(1902)이 출간된 이래로 본격적인 종교철학적 탐구의 대상이 되어 왔다.

종교와 관련된 제 현상들과 함께 종교적 경험을 탐구하는 학문 분야들로는 종교학, 종교심리학, 종교사회학, 종교철학 등이 있다. 이 가운데서 종교철학은 경험되는 현상들로부터 출발하면서도 궁극적으로는 그것들의 인식적 차원, 곧 '진리의 문제'에 대한 해명을 고유한 과제로 삼고 있다. 종교철학의 주제영역들을 자신의 주된 철학적 사유의 대상으로 삼아 온 셰플러 또한 종교적 경험에 대한 자신의 이론을 무엇보다도 '인식론적인' 차원에서 구상하고 있다. 이런 의미에서 셰플러의 이론은 '종교적 경험의 인식론'이라는 종교철학 내의 특수한 주제영역에 포함된다.

보다 구체적으로 말해서, 셰플러가 해명하려는 물음들은 이런 것들이다: 다른 경험들과 구분되는 특별히 '종교적인' 경험이라는 것이 존재하는가? 만일 그렇다면, 그러한 경험은 어떻게 기술될 수 있는가? 그리고 그러한 경험이 중재하는 '진리'의 내용은 어떤 것인가? 더 나아가서 셰플러는 실천적인 관심사도 갖고 있다. 곧, 종교적인 경험을 직접 하도록 도야하는 방법은 어떤 것인가?

이제 이러한 물음들을 길잡이로 해서 셰플러가 구상한 종교적 경험에 대한 이론을 살펴보기에 앞서서, 셰플러 철학의 주요분야에 대해 일별해 보기로 한다. 셰플러 철학의 배경을 개관하는 것은, 본서의 내용을 이해하는 데에 다소나마 도움을 줄 것이다.

## 셸러 철학의 주요분야 및 학문적 방법론

셸러 철학의 첫 번째 중요한 축은 '종교철학'이다. 종교철학의 주제들은 그의 전 생애에 걸쳐서 학문적 탐구의 대상이 되었던 영역이다. 셸러는 다양한 종교철학의 방법론들을 검토한 후에, 에드문트 후설(Edmund Husserl)의 철학적 현상학과 경험적 종교학의 만남으로서의 '종교현상학'의 방법론을 종교적인 사안을 다루는 데 가장 적합한 것으로 채택하고 있다(Schaeffler, 1983).

그래서 그는 앞선 종교현상학자들, 곧 루돌프 옷토(Rudolf Otto), 막스 셸러(Max Scheler), 미르치아 엘리아데(Mircea Eliade) 등의 종교현상학을 비판적으로 계승하면서, 그 토대 위에서 발전적으로 '성스러움'(das Heilige)의 구조를 천착하고 있다. '성스러움의 구조'란, 후설 현상학의 개념에 따라서, 종교적인 주관의 지향작용(noesis)과 그 지향작용 안에서 체험되는 종교적인 대상(noema, 곧 '성스러움') 간의 엄밀한 상관관계를 의미하는 말이다.

91세의 고령에 셸러가 집필한 마지막 저서의 제목이 『종교의 현상학』(*Phänomenologie der Religion*, 2017)이라는 것도 특기할 만하다.

셸러 철학의 두 번째 주요분야는 '철학적 신론'이다.

이때 셰플러가 의거하고 있는 방법론은 칸트의 '선험철학'(Transzendentalphilosophie)이다. 칸트의 선험철학은 대상구성의 가능성의 조건(곧, 주관이 대상을 인식할 수 있기 위한 선험적인 조건)이 무엇인지를 묻는 철학이며, 아울러 이성의 두 가지 기능들, 곧 이성의 이론적 사용과 실천적 사용에 있어서, 이성이 빠지게 되는 모순(변증론)을 극복하기 위한 조건이 무엇인지를 탐구하는 철학이다.

칸트는 특별히 『실천이성비판』에서 실천이성이 봉착하는 자기모순, 곧 '도덕성'과 '행복'의 불일치를 극복하기 위해서 신의 존재를 요청하는 철학적 신론을 구상해내고 있다. 셰플러는 이 점과 연결되어 칸트의 신론을 계속 발전시키고 있다. 그리하여 셰플러는 칸트의 용어인 '요청'(Postulat)개념을 빌려와서, 자신이 구상한 '요청적 신론'(postulatorische Gotteslehre)을 전통적인 철학적 신론과 대비시키는 가운데, 철학적 신론의 한 유형으로서 제안하고 있다. 셰플러는 자신의 주저인 『현실과의 대화로서의 경험』(Erfahrung als Dialog mit der Wirklichkeit, 1995)에서 종교적 경험에 대한 이론과 함께 이를 상술하고 있다.

셰플러는 요청이론이, 칸트에게서처럼 이성의 실천적 사용이라는 맥락에서뿐만 아니라, 이론적 사용의 맥락에서도 가능하다는 관점을 하나의 '필연성'으로부터 도출해내고 있다. 그 필연성은 우리가 처한 오늘날의 다원주의적인 상황에서 연유한다. 바로 우리 시대는 단일한 과학적 세계상에 지배되던 칸트의 시대와는 달리 '경험세계들의 이질적인 형태'(곧, 과학적인 세계, 윤리적인 세계, 미적인 세계, 종교적인 세계)를 그 특징으로 가진다는 것이다.

이러한 상황 속에서 셰플러는 칸트적인 의미에서의 이성의 변증론(자기모순)은 그 실천적 사용 안에 국한되는 것이 아니라, 이론적 사용 안으로까지 계속해서 철저해질 수밖에 없음을 본다. 곧 이성의 이론적 사용 안에서 벌써 자아는 여러 개의 '자아들'(과학적인 주관, 윤리적인 주관, 미적인 주관, 종교적인 주관)로, 세계는 여러 개의 '세계들'로 쪼개짐으로써, 하나의 자아와 하나의 세계라는 이념은 그 통일성을 상실하게 된다는 것이다. 그 결과, 개별적인 인식과 경험을 위해서 전제되어야 하는 포괄적인 경험의 맥락(Erfahrungskontext)을 구축하는 것이 위태롭게 된다는 것이다.

이런 맥락에서 그는 칸트가 단지 '주어진'(gegeben) 것으로만 전제했던 하나의 '세계'와 하나의 '자아'라는 이념의 통일성을 장차 실현되어야 할, '부과된'(aufgegeben) 요청 명제(곧, '하나의 세계가 존재한다.'와 '하나의 자아가 존재한다.')로 파악한다. 이와 함께 '하나의 통합된 역사'라는 제3의 이념을 추가하여, 이 세 가지 이념의 통일성을 가능하게 하는 조건으로서 '신의 존재'를 요청하고 있다.

따라서 칸트와는 달리 셰플러에게서, '신은 존재한다.'는 요청명제(즉, 증명되지는 않았으나, 이성의 자기모순을 해소하기 위해서 불가피하게 요구되는 명제)는 앞선 세 요청명제(세계, 자아, 역사의 단일성에 대한 요청들)를 가능하게 하는 최후의 조건으로서 사유되고 있다. 이는 '이론적인 이성신앙(Vernunftglaube)'의 성격을 갖는 것으로서, 자아와 세계라는 이념들의 통일성이 위태롭게 됨으로써 불가피하게 발생하는 이론이성의 '내적 모순'을 해소하기 위한 것이다.

셰플러에 의해서 구상된 '종교적 경험에 대한 이론'과 '철학적 신론'은 밀접한 상관관계 아래서 이해되고 있다. 그는 칸트의 언사를 원용하고 있다: "철학적 신론(요청적 신론)이 없는 종교적 경험은 맹목적이고, 종교적 경험이 없는 철학적 신론은 공허하다." 다시 말해서, 이성의 자기모순을 해소하기 위해서 요청되고 있는 신의 현존이 한갓 개념의 구성물로 남지 않고 실존적인 삶을 지탱하는 '희망의 근거'가 되기 위해서는 종교적 경험을 통한 확증이 필요하며, 반면에 종교적인 경험이 중재하는 '성스러움의 현존'은 보다 보편적인 철학적 해석학 안에서 그 존재가 비판적으로 검증되어야 한다는 것이다.

'철학적 신론'과 '종교적 경험의 인식론'을 이렇게 상호 보완적인 관계 안에서 파악하는 것은 셰플러 철학의 독창적인 특성으로 볼 수 있다.

마지막으로 셰플러 철학을 형성하는 또 하나의 축은 '철학과 신학과의 대화'라는 주제영역이다. 셰플러는 자신의 두 번째 대작을 이 주제에 헌정하고 있다: 『신학을 위한 철학적 사유의 훈련』(Philosophische Einübung in die Theologie, Bd. I-III. 2004). 이 맥락 안에서 셰플러는 유럽의 사상사 안에서 오래된 주제, 곧 '철학자들의 신과 종교인의 신은 동일한 존재인가?'라는 물음에 대답하고 있으며, 더 나아가서 신학의 분과들(신학적 인식론, 신론, 교회론과 그리스도론)을 위한 철학적인 토대 놓기를 시도하고 있다. 철학자로서 가톨릭과 개신교 신학과의 학문적인 대화를 늘 실천해왔던 셰플러이기에 이러한 시도가 성공적으로 수행될 수 있었다고 필자는 감히 평가해 본다.

## 본서의 내용에 대한 개관

이제 셰플러 철학 전반에 대해서 간략히 기술한 내용을 배경으로 삼아서 본서의 내용을 개관할 차례이다. 본서는 모두 7개의 장으로 구성되어 있다. 각각의 장들은 셰플러의 종교적 경험에 대한 이론을 이해하는데 일종의 '사다리'와 같은 기능을 수행할 것이다. 본서는 셰플러 자신이 밝히고 있는 가장 기초적인 개념적 설명에서부터 시작해서, 종교적 경험에 대한 그의 중요한 관점과 사상, 시간의 흐름 속에서 새롭게 숙성된 성찰들, 그리고 마지막에는 그의 실천적인 관심사에 이르기까지 '종교적인 경험'과 관련된 셰플러의 사유를 추적할 것이다. 하지만 제한된 분량으로 인해서 셰플러의 통찰들을 충분할 정도로 중재하는 것은 필자의 역량으로는 불가능한 일임을 인정하며, 이에 대해 독자들의 양해를 구한다.

**〈1장. '경험'이라는 말의 의미〉.** 우리의 언어 용법 안에서는 '체험'과 '경험'은 거의 동의어로 쓰이고 있다. 하지만 독일어권에서는 여기에 해당이 되는 두 가지 용어들이 따로 존재한다. 셰플러에 따르면, '체험'은 마치 감각적 인상들과 같이 순간적이고 주관적인 것이다. 그에 비해서 '경험'은 체험된 내용이 개념으로 포착된 인식의 성격을 갖는다. 따라서 경험은 다른 이들에게 전달할 수 있고, 그 안에 담긴 진리를 주장할 수 있는, 곧 객관적인 타당성을 소지한 것이 된다. 셰플러가 경험을 '현실과의 대화'라는 은유로 정의할 때, 이는 이미 경험의 주관적인 축과 객관적인 축이 있음을 암시하는 것이다. 이런 의미에서 셰플러는 한갓 '의식의 확장'이나, '주객 차이의 소멸'과 같은 비범한 체험들을 '종교적 경험'과 구분하고 있다.

〈2장. '경험'과 '해석'의 문제〉. 최근의 경향을 볼 때, 대체로 종교철학자들은 '종교적 경험'을 '종교적으로 해석된 것'으로 이해한다. 곧, 유독 종교적인 영역에서만 경험을 해석으로 환원시켜서 이해하는 것이다. 셰플러는 시종일관 이런 입장에 반대하면서, '경험'의 직접성과 주관의 고유한 활동의 결과인 '해석'의 차이를 견지하고 있다. 경험이 현실의 '요구'에 대해 '응답'함으로써 이루어진다면, 이러한 응답은 주관의 자유롭고 창조적인 상상에 의해서 임의로 내려질 수 있다는 말이 아니다. 따라서 '종교적 경험'은 주관의 자의적인 '해석'과는 구분되는 객관적인 내용을 갖는다. 이 장에서는 종교적 경험을 종교적인 주관이 내리는 해석의 결과로 파악하는 몇몇 철학자들의 관점을 소개하면서, 이를 셰플러의 고유한 관점과 대비시키고 있다.

〈3장. 종교적 경험의 노에시스〉. 종교적인 경험은 주관의 측면과 객관의 측면으로 나누어서 고찰할 수 있다. 종교적 경험의 노에시스는 종교적인 주관의 지향작용을 의미하는 말이다. 종교적인 지각 혹은 경험을 할 때 주관 안에서는 어떤 일이 벌어지는가? 이에 대한 셰플러의 기술은 루돌프 옷토의 연장선 상에 있다. 루돌프 옷토는 잘 알려진 것처럼 '전율'과 '환희'라는 종교적 감정들의 역설적인 결합에 대해서 말하고 있다. 셰플러는 또 다른 역설적 통일에 대해서 말하고 있다. 가령, 성스러움의 빛과 대면한 종교인은 어쩔 수 없이 성스러움에 이끌림을 의식하면서도, 동시에 성스러움과의 합일이 필연적으로 좌초할 것임도 함께 의식한다는 것이다. 셰플러는 '눈이 열림'이라는 은유를 통해서 이러한 깨달음을 설명하고 있다.

**〈4장. 종교적 경험의 노에마〉.** 종교적인 경험 안에서 만나는 대상(객체)은 종교현상학의 용어로 '성스러움'(das Heilige)이라 지칭된다. 셰플러는 미르치아 엘리아데의 '성현의 변증법'이라는 개념에 의거해서 종교적인 노에마, 곧 '성스러움'의 고유한 표지를 기술하고 있다. 성스러움은 우리가 마주할 수 있는 여타의 대상들 가운데 하나가 아니라, 사물들이 특별히 '종교적인 방식'으로, 곧 성스러움의 빛을 받아서 '성스럽게' 경험되는 방식을 표현하는 말이다. 따라서 셰플러는 '종교적인 지각'은 '하느님 지각'과는 다르다는 점을 밝히고 있다. 그에 따르면, 성스러움은 종교적인 노에시스에 상응하게 '생명을 선사하는 힘'과 '죽이는 힘'의 역설적인 통일로서, 그리고 자신을 드러내면서 동시에 은폐하는 역설적인 통일로서 경험된다.

**〈5장. 종교적 경험의 인식표지와 합리성〉.** 종교적인 경험은 그 경험의 당사자가 자기비판적인 의식 없이 종교적인 감정에만 빠져 있을 때, 흔히 자기-오해와 기만으로 귀결될 때가 있다고 셰플러는 지적한다. 따라서 종교철학자로서 셰플러는 종교적 경험에 대한 오해를 바로 잡는 '척도'를 제시하고 있다. 여기서 그가 제시하는 척도들은, 종교적 경험의 대화적인 성격, 세상 안으로 향하는 눈길을 열어주는 성스러움의 힘, 그리고 자기 삶의 역사를 통합적으로 이야기할 수 있는 종교적 주관의 능력이다. 이어서 셰플러는 이전의 종교현상학자들이 다소 소홀히 취급했던 종교적 경험의 '합리적' 성격에 대해서 해명하고 있다. 그것은 종교적 경험이 '대상 연관성'과 '진리 능력', 그리고 '객관적 타당성'을 가지고 있음을 밝히는 것이다.

⟨6장. 종교적 경험의 신학적 의미⟩. 셰플러는 성서 본문의 우의적(allegorisch), 역사적(historisch), 상승적(anagogisch), 전향적(tropologisch)인 의미들에 대한 이론이 최근에는 '역사-비평적인' 성서탐구에 대한 대안으로서 고려되고 있음에 주목하고 있다. 그 이유는, 이 이론이 성서의 독자들에게 성서 본문에 대한 '영적인 이해'를 가능하게 해주며, 이를 통해서 독자들에게 '신앙, 희망, 사랑'의 의미를 일깨워주기 때문이라는 것이다. 이때 셰플러의 발전적인 해석은, 이미 성서가 증언하는 종교적 경험 자체 안에 우의적, 역사적, 상승적, 그리고 전향적인 의미의 계기들이 있다는 것이다. 이 네 가지 의미의 계기들에 대한 셰플러의 설명은 '종교적 경험에 대한 신학적 해석학'이라 부를 수 있을 것이다.

**〈7장. 종교적 경험의 도야〉.** 종교적 경험과 관련해서 셰플러는 실천적인 관심사를 늘 함께 숙고하고 있다. 그것은 종교적인 지각과 경험을 도야하는 일이다. 이때 그는 특별히 '예배'(Gottesdienst)의 중요성을 언급하고 있다. 예배 안에서 기념되고 있는 예언자들과 사도들의 '하느님지각'의 사건들은 예배거행자들에게도 일상적 경험들에 대한 시선을 벼리고, 그 결과 그것들의 종교적 의미를 포착하는데 기여할 수 있다는 것이다. 그런 의미에서 그는 예배를 '종교적 지각의 학교'로까지 지칭하고 있다. 지각과 경험은 현실의 요구에 대한 '응답하는 형성'이라는 자신의 논지에 따라서 셰플러는, 종교적인 도야란 바로 이와 같은 '응답하는 형성'의 지각능력을 벼리는 데 있음을 강조하고 있다.

셰플러가 다루고 있는 종교철학 내지는 종교적 경험과 관련된 주제들은 이 밖에도 더 많다. 가령 '종교적 언어'에 대한 고찰이나 '예배에 대한 철학적 해석학'이 그것들이다. 특히, 종교적 언사, 가령 '기도언어'의 분석은 종교적 경험을 이해하는 또 하나의 중요한 길잡이라고 할 수 있다. 하지만 본서에서는 지면의 부족으로 이들을 모두 다루지 못함을 아쉽게 생각한다.

| 참고문헌 |

Schleiermacher. F.(1799). *Über die Religion*. Reclams Universal-Bibliothek. 최신한 옮김 (1997), 「종교론」, 대학기독교서회.

James. W.(1902). *Tha Varieties of Religious Experience*. Longmans, Green & Co. 김재영 옮김(2003), 「종교적 경험의 다양성」, 한길사.

Schaeffler. R.(1983, $1997^2$). *Religionsphilosophie*. Alber.

Schaeffler. R.(1995). *Erfahrung als Dialog mit der Wirklichkeit*. Alber.

Schaeffler. R.(2004). *Philsophische Einübung in die Theologie. Bd I-III*. Alber.

Schaeffler. R.(2017). *Phänomenologie der Religion*. Alber.

# 01

## '경험'이라는 말의 의미

## '체험'과 '경험'의 차이

'경험'이라는 말의 의미는 무엇인가? '종교적인 경험'이라는 말이 학문적인 영역에서 특수한 의미를 내포하고 있기에, '경험'이라는 말의 의미 또한 일상적인 언어 용법을 넘어서서 분명히 규정될 필요가 있다. 대체로 독일의 종교철학자들은 '경험'을 인식대상과의 직접적인 접촉에서 비롯되는 '인식'(앎)의 한 방식으로 이해한다. 셰플러와 학문적인 대화를 지속해왔던 철학자들 가운에서, 가령, 프리도 릭켄(Friedo Ricken)은 이렇게 경험을 정의한다: "경험 안에서 나와는 다른 현실이 나와 만난다. 경험은, 무엇인가가 나타나며 개념들의 도움이 없이 개시(開示)된다는 점에서, 직접적이다"(Ricken, 1997:93). 게르드 해프너(Gerd Haeffner) 역시, 경험의 본래 의미를 한갓 지각이나 느낌의 상태로서의 '체험'(Erleben)을 넘어서서 형성되는 '인식'과 결부시키고 있다.(Haeffner, 2004:19)

우리의 언어 용법 안에서는 '체험'과 '경험'은 사실상 동의어로 쓰이고 있다. 하지만 독일어권에서는 일상의 용법 안에서도 두 단어는 구분되고 있다. 셰플러 또한 해프너와 마찬가지로 '체험'과 '경험'을 엄밀히 구분하고 있다. 그에 따르면, 체험은 어떤 대상 혹은 현실과 만나면서 촉발되지만, 마치 감각적 인상들처럼 아직은 순간적이고 주관적인 성격을 갖는 것임에 비해서, 경험은 계속되는 개념의 형성을 통해서 주관이 만난 그 무엇이 비로소 '인식'되기에 이른다는 점에서 객관적인 성격을 갖는다. 이렇게 셰플러는 경험을 '경험인식'의 의미로 이해하면서, 이를 이 말의 어원적 의미와 결부시켜서 설명하고 있다.

> "이러한 맥락에서 우리가 상기해야 할 것은, '경험'이라는 단어와 *experientia*라는 라틴말은, [...] '마지막까지 관통해 가다'(*Ex per ire*)에 대해서 말하고 있다는 점이다. 마지막까지 관통해 갈 수 있는 길의 연속성에 이르지 못하는 사람은 체험(Erlebnis)은 갖지만 경험(Erfahrung)은 하지 못한다. 그리스말 *Empeiría*는 여행자가 커다란 여행의 마지막에 항구로(*to Empórion*) 귀환할 때 가지고 오는 것, 말하자면 수확물을 지칭한다. 이는 여행자가 많은 것을 보고 나서 동시에 그것에 대해 '하나의 시구를 만들었을 때' 수확되는 것이다. 여기서 분명해지는 것은 이렇다: 그것은 배워져야 한다."(Schaeffler, 2002:42)

이렇게 보자면, 체험과 경험은 구분되기는 하지만, 하나의 '과정' 안에서 계속되는 것으로 이해될 수 있다. 체험이라는 것이 주관의 단순한 상상이나 소망에 의한 구성물이 아니라, 내 밖에 있는 현실의 한 국면이 포착된 것이라면, 이것은 이제 계속해서 분명한 인식의 언어로, 즉 하나의 '수확물'로서 언표될 수 있어야 한다. 이런 의미에서 셰플러는 주관적인 '체험'과 그것이 객관적으로 타당한 것으로 변형된 '경험'을 구분하고 있다.

## '현실과의 대화'로서의 경험

셰플러는 직관, 지각, 경험의 의미를 구분해서 설명하고 있다. '직관'(Anschauung)이라 함은, 대상에 대한 순간적인 인상을 의미하며, '지각'(Wahrnehmung)이라 함은 과거의 직관과 다가오는 직관이 연결되어서 현재에 파악되는 경우를 의미한다. 가령, '창공에서 날아가고 있는 새'나 '개화하고 있는 꽃봉오리'가 그 보기들이다. 이제 '경험'(Erfahrung)은 지각대상의 동일성이 개념으로 인식되는 상태로까지 진전된 경우를 의미한다.

주관적인 체험(직관과 지각)이든, 그것이 객관적인 인식으로 변형된 경험이든, 그것들이 주관의 독백이 아니라, 주관 밖의 현실과 만나면서 발생한 것인 한에서, 셰플러는 경험 일반을 '현실과의 대화'(Dialog mit der Wirklichkekt)라는 은유로써 정의한다. 달리 말해서, 우리의 경험은 현실의 '요구'에 대한 '응답'의 성격을 띤다는 것이다. '요구'(Anspruch)라는 말은 독일어 동사인 '말을 건네다'(ansprechen)에서 비롯된 명사로서, 말이 건네진 상대편에서 즉각적으로 반응하거나 응답하도록 촉구한다는 뜻이 내포되어 있다. 그는 이것을 중세 아리스토텔레스주의자들의 용어로 설명하고 있다.

"인식은 오직, 우리가 인식하는 대상들을 '내적인 말'(Verbum Mentis)을 가지고 지칭하면서만 가능하다[...]. 인간의 직관과 사유는, 비록 이 작용들이 주관의 순수한 내면성 안에서 수행되더라도, 하나의 '말'(Verbum)로 불릴 수 있다. 왜냐하면, 밖으로 울리는 모든 말(Verbum Oris)과 인간의 모든 대화가 그 대상연관과 진리주장을 획득하는 것은, 다른 이에게 말해진 말이 현실에 대한 화자의 관계로부터 생겨남을 통해서이며, 이 관계는 '대화적'이라고 불러야 한다[...] 우리는 밖으로 울려지는 말 안에서 현실적인 것의 요구를 새로운 청자에게 계속 전달할 수 있는데, 그것은 먼저 우리가 내적인 말 안에서 언표하게 된 것이다. 인간들의 대화가 문자적인 의미에서의 '대화'라면, 모든 개별자와 현실과의 저 관계는 은유적인 의미에서 '대화'라고 지칭될 수 있고, 그것이 '경험'이다."(Schaeffler, 2004:109-110)

여기서 현실적인 것(곧, 대상이나 객관적인 사태)의 요구는 다양한 방식으로 경험될 수 있다. 즉, 과학적인 경험(물리적인 진리의 발견)이나 선과 악에 대한 경험, 아름다움에 대한 경험, 더 나아가서 성스러움에 대한 경험은 현실의 특수한 국면에 '압도되어서' 주관이 다양한 응답을 내리게 될 때 생기는 경험들이다. 그래서 경험은 '대화적인' 성격을 갖는다고 셰플러는 말한다.

하지만 이러한 대화의 주도권은 시종일관 현실(대상) 편에 있다. 경험의 당사자는 현실이 그에게 특수한 방식으로 응답하게끔 도전하거나 초대할 때, 그에 대해서 반응하고, 응답할 수 있을 뿐이다. 그래서 경험은 독백이 아니라 대화로 이해될 수 있는 것이며, 이러한 대화 안에 비록 주관의 응답이 내포되어 있다고 하더라도, 그것은 자유롭고 임의적인 것이 아니라, '즉각적'이고, 또 그렇게 응답할 수밖에 없는 '필연성'의 성격을 갖는다. 가령, 미적인 경험이나 종교적인 경험이 하나의 '선물' 혹은 '은사'로서 해석되는 것은, 경험의 이와 같은 직접성, 즉 '사로잡힘'의 계기로 인한 것이다.

경험을 이렇게 대화적인 것으로 이해한다면, 이제 종교적인 경험은 '종교적인 현실 내지는 대상'에 대한 경험으로 이해할 수 있을 것이다. 그래서 셰플러는 종교적인 경험의 구체적인 내용을 제시하기에 앞서서, 흔히 종교적인 경험처럼 여겨지고 있지만, 단지 주관의 '비범한 체험들'일 뿐, 대상에 대한 객관적인 인식을 결한 듯이 보이는 두 가지 체험의 방식들을 종교적인 경험과 구분하고 있다.

## 의식의 확장?

동서를 막론하고 종교들 안에서 구해지고 또 발견되는 하나의 심리적인 현상은 '일상적인 의식의 협소함'에서 해방되어서 '의식이 확장되는 체험'이다. 과학적이고 기술적인 합리성의 지배에 염증을 느끼는 종교인들 가운데에는 이러한 '의식확장'(Bewußtseinserweiterung)의 체험을 곧바로 '종교적인 경험'으로 이해하는 사람들이 있다. 셰플러는 이러한 이해와 거리를 두고 있다.

이러한 체험은 이미 윌리엄 제임스가 신비경험의 약한 유형으로 분류했었던, 약물을 복용했을 때에 발생하는 환각적인 의식의 상태와도 유사한 것이다. 이와 같은 '비범한 체험'은 흔히 일상적인 언어로 표현할 수 없는 인상들과 통찰들을 동반한다고 한다.

셰플러는 여기서 다시 '체험'과 '경험'의 차이를 상기시킨다. 체험은 적어도 그 체험의 당사자에게는 '자명한' 것으로서, '참된 것과 그릇된 것'의 구분이 필요하지 않으며, 그런 한에서 '진리와 무관한' 것이다. 그것은 순수한 주관성 안에 머물러 있는 상태일 뿐이다. 하지만 '참된 것과 그릇된 것'의 구분은 종교의 영역에서도 불가결한 것이 아닌가? 비범하게 보이는 체험일지라도 그것이 '진리의 조명'에 이르지 못한다면, 그러한 체험은 실제로는, 마치 주술적인 체험들이 그런 것처럼, 인간을 유혹하거나 눈멀게 만드는 광기와 다르지 않을 것이다.

종교적인 경험이 영혼의 심층부 내지는 잠재의식의 차원에서 발생한다고 주장하는 심리학자들이 있다. 이러한 관찰은 나름의 타당성을 가진 것으로 보인다. 하지만 셰플러가 묻는 것은, 이때 '확장된' 의식에 개시(開示)되는 내용이 어떤 종류의 것인가 하는 점이다. 그 내용이 '자기-비판적인 의식'을 통해서 파악되지 않는 한, 체험은 아직 객관적으로 타당한 경험으로 변환되었다고 볼 수 없다는 것이다. '자기-비판적인 의식'이라 함은, 경험 한 복판에서도 그것을 가능하게 만든 동인이 자신이 아닌, 대상 편에 있음을 파악하는 의식이다.

셰플러는 종교적인 경험 안에 이와 같은 자기-비판적인 의식의 계기가 들어 있다고 주장한다. 그러한 의식이 결여가 된 상태에서 '의식의 확장'이라는 아직은 다의적인 개념이 곧바로 '종교적인 경험'을 의미하는 말로 여겨지게 되면, 이는 종교적인 것의 본질을 오도하는 "심리적 심층의 신성화"(Schaeffler, 1995:420)일 뿐이다. 그렇게 되면 그러한 경험은 종국에는 '성스러움'(종교적인 대상)의 숭배로 이끄는 것이 아니라, '자기-숭배'로 끝나게 된다.

## 주객 차이의 극복?

셰플러가 의심스럽게 보는 또 하나의 오해는 '주객 차이의 극복'이라는 비범한 체험을 종교적인 경험이라고 이해하는 관점이다. 이 개념으로써 그가 의미하는 것은, 모든 객관적인 것과 주관적인 것의 차이가 폐기되고, 현실적인 것의 중심과 일치하는 '신비적인 침몰'이다. 실제로 아시아와 유럽의 종교적 문헌들은 이러한 경험에 대한 증언들로 가득 차 있다. 신비경험에 이르게 하는 다양한 방식의 수행들을 셰플러가 일단은 의혹의 시선으로 바라보는 이유는, 수행자들의 목적이 긍정적인 성격을 갖기보다는, 오히려 현대의 과학기술문명의 편협한 합리성에 대한 염증에서 비롯되었다고 보기 때문이다.

비범하고 신비적인 경험들에 대한 의구심에도 불구하고, 셰플러는 신비적인 경험의 심층과 논증적인 합리성의 엄밀함이 서로를 배제하지 않는다는 점을 관찰하고 있다. 이에 대한 보기로 그가 들고 있는 신비가는 서양 중세시대에 살았던 마이스터 엑카르트(Meister Eckhard)이다. 엑카르트는 자신의 신비경험을 철학적 개념들로 표현하고자 애썼던 사상가였다.

그의 두 번째 관찰은 신비경험의 결과와 관련된다: "진실로 '중심'과 마주친 사람은 그로부터 신속히 주변부의 모든 지점에 도달한다."(Schaeffler, 1995:422) 그렇기에 '일상으로의 귀환'과 '일상에 대한 새로운 시선'은 셰플러에게 있어서는 비범한 경험들의 진리성을 측정하는 시금석이 된다.

이러한 맥락에서 그는 일본의 불교 철학자인 니시타니 케이지(Nishitani Keiji)와 대화하고 있다. 니시타니가 "절대적인 공(空)은 그 안에서 모든 존재자가 있는 그대로 그리고 진실로 자체존재 안에서 나타나는 장소"(Nishitani Keiji, 1982:183)라고 말했을 때, 셰플러는 이 증언을 우선은 긍정적으로 평가하고 있다. 왜냐하면, 이러한 경험은 '현실적인 것에 대한 새로운 시선'을 열어주는 참된 경험으로 볼 수 있기 때문이다. 그러나 그리스도교 철학자인 셰플러는 불교적으로 각인된 신비경험에 대해서 결국 그것이 '영혼의 근저'가 갖는 '자력'으로서 경험되는 것인지, 아니면 하나의 '선물'로서 경험되고 있는지를 비판적으로 묻고 있다. 이 물음은 주지하다시피 그리스도교와 불교 간의 대화 내지는 '해석학적 경쟁'에 있어서 가장 중요한 쟁점이라고 할 수 있다.

이로써 셰플러가 이해하는 경험개념은, 비록 스스로 윌리엄 제임스를 언급하고 있지는 않지만, 주객의 차이가 그 안에서 결정적으로 지양된다고 보는 '순수경험'(pure experience)의 개념과는 거리가 있는 것이다. '순수경험'이라는 개념은 윌리엄 제임스로부터 유래한다. 교토학파의 창시자인 니시다 기타로(Nishida Gitaro)의 순수경험의 철학은 윌리엄 제임스로부터 영감을 받은 것으로 알려져 있다. 그는 경험을 다음과 같이 정의하고 있다.

> "**경험**이 의미하는 것은, 사실을 그러한 것으로서 인식하는 것이다. 곧 자아의 어떠한 협력도 없이 사실적인 것의 척도에 따라서 아는 것을 의미한다. **순수**하다는 것은 현실적인 경험의 상태를 그러한 것으로서 묘사한다. 그 상태에는 사고 작업의 어떠한 흔적도 부착되어 있지 않다. [...] 그로써 순수하고 직접적인 경험은 하나이다. 자신의 의식상태에 대한 직접적인 경험 속에는 주관도 없고 객관도 없다. 인식과 그 대상은 완전히 하나이다. 그것은 가장 순수한 형태의 경험이다."(Nishida Gitaro, 1989:29)

하지만 셰플러는 주객 차이의 극복이라는 의미에서의 신비적 경험 또한 자력으로 성취할 수 없는 '우연적인' 체험들의 표지들을 지니며, 이러한 경험 역시 '대화적인' 성격을 가짐을 강조한다.

> "종교적 경험(그러한 것이 있다면)에 속해야만 하는 자기비판의 본질적 계기는 다음과 같은 의식 안에 존립한다. 직접적이라고 추정되는 종교적 체험 또한 대답의 행위에 의거한다. 그 결과 우리는 종교적으로 의미심장한 현실을 결코 직접적으로 체험하는 것이 아니라, 오직 항상 현실의 요구에 대해 [...] 우리가 이미 대답한 방식 안에서만 체험하는 것이다."(Schaeffler, 1995:425)

여기서 드러나듯이, 셰플러는 모든 종류의 경험을 철저히 '이원론적으로', 곧 '주체와 객체 사이의 대화'로서 이해하고 있다. 이때 경험에 내포된 '자기-비판적인 계기'는, 현실의 '요구'에 경험 당사자가 특정한(가령, 종교적인) 방식으로 '응답'하지만, 그 응답이 현실의 요구를 결코 온전히 회수할 수 없다는 의식까지 포함한다. 곧, 종교적인 현실(성스러움)에 대한 경험 안에서 성스러움의 요구와 경험 당사자의 응답 사이의 간극은 무한할 정도로 커지며, 그래서 종종 종교인들은 자신들이 만난 현실을 '신비'라고 지칭하게 되는 것이다.

셰플러의 경험개념은, 주체가 무엇인가를 경험하거나 인식할 때, 객체(대상)의 역할을 일면적으로 강조하는 '직접적 실재론'의 입장과 주체의 역할을 일면적으로 강조하는 '관념론'의 입장을 지양한, 칸트적인 의미의 '비판적 실재론'의 입장에서 구상된 것이라고 평가할 수 있다.

### | 참고문헌 |

Keiji, N.(1961). *Was ist Religion?* Fischer-Barnicol, D.(Übers. 1982). Insel.

Haeffner, G.(2004). Erfahrung – Lebenserfahrung – religiöse Erfahrung. Versuch einer Begriffsklärung. Friedo Ricken(Hg.), *Religiöse Erfahrung*. Kohlhammer.

Nishida, G.(1911). *Über das Gute. Eine Philosophie der Reinen Erfahrung*. Pörtner. P.(Übers. 1989). Insel.

Ricken, F.(1997). Analogie der Erfahrung. M. Laarmann(Hg.), *Erfahrung – Geschichte - Identität*. Herder.

Schaeffler. R.(1995). *Erfahrung als Dialog mit der Wirklichkeit*. Alber.

# 02

## '경험'과 '해석'의 문제

## 특별히 '종교적인' 경험이 존재하는가?

셸러에 따라서 경험을 '현실과의 대화', 곧 현실의 '요구'에 대한 주관의 즉각적인 '응답'으로 이해한다면, 종교적 경험은 '종교적 현실 혹은 대상'에 대한 주관의 직접적인 '반응'으로 이해할 수 있게 된다. 그런데 사람들이 여전히 종교적인 현실 혹은 대상의 존재에 대해서 의문을 가지고 있다면, 흔히 '물리적인' 경험, '윤리적인' 경험, '미적인' 경험에 대해서 말하듯이, 고유한 종류의(sui generis) '종교적인' 경험에 대해서도 말할 수 있는 것인가?

이 물음은 종교 내부적인 관점에서는 불필요한 것으로 여겨질지 모르지만, 오늘날 학문적인 담론 안에서는 심지어 종교적인 가치관을 신봉하는 학자들 가운데서도 이 물음에 부정적으로 대답하는 사람들이 적지 않다. 이 문제와 본격적으로 대면하고 있는 독일의 철학자 마티아스 융(Matthias Jung)의 분류에 따르면, 서양 근대철학 안에서 경험에 대한 이해의 방식은 두 가지로 구분되는데, 하나는 '해석학적인 전통'에 따른 것이고, 다른 하나는 '경험주의적인 전통'에 따른 이해이다.(Matthias Jung, 1999:147)

본 장에서는 먼저, 이 두 가지 관점들이 '특별히 종교적인 경험이 존재하는가?'라는 물음에 대해서 어떻게 상반된 대답을 제시하는지 차례로 살펴보고, 이어서 셰플러의 '선험철학적인 이해'를 세 번째의 가능성으로서 고찰할 것이다. 여기서 쟁점이 되는 것은, '종교적인 경험'이 과연 '경험'인가, 아니면 '해석'인가의 문제이다. 이 문제를 둘러싸고 개진되고 있는 세 가지 관점들을 비교해보는 것은, 셰플러의 사상을 분명히 드러내는 데 도움을 줄 것이다.

## 해석학적 전통에 따른 이해

이미 언급한 마티아스 융을 위시하여 해석학적인 전통 안에서 종교적 경험을 이해하는 일군의 학자들에 따르면, 경험은 곧 '맥락경험'(Kontexterfahrung)이며, 종교적인 경험의 특수성은 경험 자체의 성질이 아니라, 종교적인 맥락에서 채용된 '언표-체계' 혹은 '해석'에서 찾을 수 있다. 즉, 유독 다른 경험들과 구별되는 특별히 '종교적인' 성질을 가진 경험이 존재하는 것이 아니라, 경험 당사자가 자신이 속해 있는 종교전통 안에서 전승된 언어나 개념들(곧, 신앙의 교의들)을 가지고 자신의 경험을 해석하게 되면, 그것이 곧 '종교적인 경험'의 특질을 띠게 된다는 것이다. 이렇게 본다면 '종교적' 경험은 곧 '종교적으로 해석된' 경험과 다름이 없게 된다.

융에 앞서서 이러한 관점을 대변해 온 영미의 철학자들이 있다. 웨인 프로우드풋(Wayne Proudfoot)에 따르면, 하나의 체험은 종교적인 신념체계와 실천안으로 편입됨을 통해서 비로소 종교적인 경험이 된다. 이때 경험의 당사자는 자신의 체험이 오직 종교적인 개념들 안에서만 해명될 수 있다고 믿는다. 하지만 푸로우드풋에 따르면, 이러한 해석은 대안이 없는 것이 아니다. 비록 종교적인 경험의 내용을 규정하기 위해서 일인칭 관점이 진지하게 받아들여져야 하지만, 이것이 곧 체험의 인과적인 근원에 대해서 '자연주의적인 설명'의 가능성을 배제하는 것은 아니라는 것이다.(Wayne Proudfoot, 1985)

존 힉(John Hick) 역시 이러한 노선에 서 있다. 그는 잘 알려진 비트겐슈타인의 '오리-토끼 모델'에 따라서 모든 지향적인 경험을 '무엇으로서 경험함'(experiencing-as)으로 이해한다. 곧 하나의 사실로서 주어진 (중립적인) 체험은, 자연주의적인 개념을 통해서 자연적인 경험으로서 해석되거나, 혹은 종교적인 개념체계를 도입함으로써 종교적인 경험으로서 해석될 수도 있다는 것이다.(John Hick, 1989)

매튜 배거(Matthew Bagger)는 경험의 당사자가 자신의 경험을 '종교적인' 것이라고 주장할 때, 그때 그에게 작동하는 문화적인 맥락과 종교적 신념 그리고 종교적 실천체계의 영향을 강조하고 있다. 흥미롭게도 그는 아빌라의 데레사를 보기로 들고 있다. 그녀가 자신의 신비경험을 '초-자연주의적으로' 설명했을 때, 이는 곧 문화적이고 종교적인 맥락에서 기인한 '해석'이었다는 것이다. 하느님이 인간 영혼과 교통할 수 있다는 '종교적 신념'이 당연시되던 16세기 스페인의 문화적인 맥락에서는 그녀의 설명이 일부의 의혹 제기에도 불구하고 결국 '최선의 설명'(best explanation)으로 받아들여졌다. 하지만 오늘날 자연주의가 지배하는 문화적인 맥락과 인식적인 상황에서는 그런 해석이 적합하지 않다는 것이다.(Matthew Bagger, 1999)

계속해서 미국의 종교학자인 앤 테이브스(Ann Taves)는 종교경험에 대한 두 가지 접근방식, 곧 '자류적인 모델'(sui-generes model)과 '귀속 모델'(ascription/attribution model)을 구분하고 있다. 그녀에 따르면, 전자의 접근이 종교연구를 다른 지식의 영역과 분리된 종교적 영역에만 위치시키는 반면에, 후자의 접근은 종교현상을 더욱 넓은 사회적, 문화적 맥락 안에서 다룰 수 있다는 점에서 더 나은 방법을 제공한다. 테이비스의 출발점은 '종교적인' 현상이 아니라 '특별한'(special) 현상이다. 사람들이 이 현상에 '종교적인 특성들'을 귀속시키면서(ascribe), 그 현상은 비로소 신적인 존재를 원인으로 상정하는 '종교적인 인과율'에 의해서 설명되는(attribute) 것이다. 따라서 테이비스는, 앞서 언급한 학자들과 유사하게, '종교적 경험'이라는 말을 '종교적으로 여겨진 경험들'(experiences deemed religious)이란 개념으로 대체할 것을 제안하고 있다.(Ann Taves, 2009)

오늘날 종교철학적인 담론 안에서 이러한 관점은 강력한 설득력을 점하고 있다. 하지만 여전히 일인칭 관점을 존중하는 입장에서 보자면, 종교적 경험을 이처럼 문화적인 맥락과 특정한 종교전통의 언어 및 실천체계의 산물로서만 이해하는 것은 문제가 있어 보인다. 종교적 경험 안에서 '특수한 그 어떤 것'이 경험되고 있는 가능성은 아예 없는 것인가? 처음부터 이를 하나의 '해석'으로 설명하는 것은, 일종의 '환원주의적' 이해로 볼 수 있다. 그러나 이런 입장에 대한 대구 또한 존재한다. 이를 살펴볼 차례이다.

## 경험주의적 전통에 따른 이해

존 로크(John Locke)로부터 유래하는 전통적인 경험주의에 따르면, 경험은 '주어진 것'으로서 우리의 앎의 토대를 형성한다. 이때 경험은 주체의 개념적인 능력에 종속되지 않은, 순전히 수용적인 사건으로서 생각된다. 따라서 경험은 대상으로부터 주관에 직접 각인된 기초적인 '인상들이나 지각들'(impressions and perceptions)을 의미한다. 현대 영미의 분석철학 안에서 이러한 전통에 속해 있는 대표적인 종교철학자로서 윌리엄 올스톤(William Alston)을 들 수 있다. 그는 경험을 '지각-경험'(perception-experience)으로 이해하고 있다. 올스톤의 이론은 근래까지도 많은 토론과 비판을 불러일으켜 온 것으로서, 앞서 소개한 해석학적인 전통의 관점과 극단적인 대조를 이루고 있다.

올스톤은 종교적인 경험을 '감각적인 지각과의 유비'를 통해서 이해하고 있다. 감각적인 지각처럼 종교적인 경험들 역시 경험대상에 대한 '직접적인 의식'(direct awareness)을 통해서 나타난다는 것이다.

> "지각적인 의식에 규정적인 것으로 내가 간주하는 것은, 무엇인가가 (혹은 주관에 그렇게 보이는 것이) 주관의 의식에 그렇고-그러한 것으로서(as so-and-so) 자신을 나타낸다(*presents*)는 점이

다 - 빨갛고, 둥근, 사랑스러운, 혹은 그 어떤 것으로서."(William Alston, 1991:36)

올스톤에게서 '직접적인 의식'은 개념적으로 중재되지 않은 인식의 상태를 지칭한다. 하느님에 대한 직접적인 경험(지각)도 이런 의미에서 선-개념적이고 비-명제적인 것이며, 따라서 주체의 개념적인 능력에 종속되지 않은 '현상적 내용'(가령, '하느님의 선성, 힘, 사랑, 용서' 등)을 소유한다. 따라서 그에게는 객관적으로 주어진 '하느님에 대한 직접적인 지각'이 있다는 것만으로도 하느님에 대한 신앙을 정당화하는 토대가 마련된다. 이는 인식론의 용어로 표현하자면, 일종의 '인식-이론적인 근본주의'에 해당이 된다. '인식-이론적인 근본주의'라 함은, 지식(앎)은 직접적인, 즉 개념적으로 아직 가공되지 않은 경험에 의거한다는 통상적인 신념을 일컫는 용어이다.

종교적인 경험을 외부에서 가해진 자극에 따라서 '주어진', 수용적인 지각의 현상적인 내용으로 파악한 올스톤의 '종교적 경험의 인식론'은, 오랜 시간을 거쳐서 치밀한 논리로 제안되었지만, 많은 비판을 불러일으켰다. 무엇보다도 하느님이 여기서 여타의 대상들처럼 '직접적인 지각의 대상'으로 취급되고 있다는 비판과 함께, 다음과 같은 비판들이 제기되었다.(Andreas Hansberger, 2004)

먼저, 올스톤의 인식론은 '탈맥락주의'(dekontextualism)의 입장에 서서 종교적인 경험 자체의 이해와 결부된 신학사적이고 역사적인 맥락을 도외시하고 있다는 비판이 제기된다. 설령 종교적 경험이 온전히 해석으로 환원될 수 없다고 해서, 과연 경험 안에는 일체 해석의 요소가 없다고 말할 수 있을까? 종교적 경험일지라도 그 경험의 내용을 '개념'으로 표현할 수밖에 없다면, '해석'의 요소를 완전히 배제할 수는 없을 것이다.

둘째는, 올스톤이 주장하듯이, 신비경험(하느님에 대한 직접적인 지각) 안에서 직접 주어진 것으로 추정되는 현상적인 내용들, 곧 하느님의 '선성, 힘, 사랑, 용서' 등은 '현상적인 특질들'(가령, '빨갛고, 둥근', 등등)을 가지고 기술될 수 있는 개념들이 아니라는 비판이다. 다시 말해서 '하느님에 대한 지각'과 '감각적인 지각' 사이에는 '유비'가 성립되지 않는다는 것이다. 결국, 종교적인 경험의 외연을 '하느님에 대한 직접적인 지각'(신비경험)으로 협소화하고, 이를 '감각적인 지각'과 유사한 것으로 봄으로써 하느님의 실재성을 옹호하려는 올스톤의 전략은 성공할 수 없다는 것이다.

세 번째 비판은, '종교적인 경험이라는 것이 과연 존재하는가?'의 물음과는 별도로, '종교적인 경험이 존재한다면, 이것이 종교적 신념을 정당화할 수 있는가?'라는 또 다른 물음과 관련된다. 이 점과 관련해서 배거의 비판은 음미할 만하다. 그에 따르면 종교적 경험이라는 것이 존재하더라도, 그것이 종교적 신념을 정당화한다는 호교론적인 전략은 가능하지 않으며, 결국 정당화의 마지막 법정은 경험이 아니라 '종교적인 맥락'이며, 특별히 '이성'(reason)이 되어야 한다는 것이다.(Matthew Bagger, 1999)

설령 종교적인 경험이란 것이 존재한다고 하더라도, 가령 '악에 대한 경험'은 여전히 하느님의 존재를 의심하게 만들 수 있기에, 유신론적 신념을 고수하기 위해서 '종교적인 경험' 하나에만 기대는 것은 배거의 지적처럼 충분치 않아 보인다.

## 셰플러의 선험철학적인 이해

셰플러는 종교적 경험의 고유성을 해명하기 위해서 '경험과 해석의 문제'를 일종의 선결문제로 다루어야 함을 일찍이 의식하고 있었다. 이 문제에 대한 셰플러의 대답은 다음의 문장으로 요약할 수 있다: '해석으로부터 자유로운 경험은 없다. 하지만 경험은 해석 이상의 것이다.' 이는 경험을 해석으로 환원하거나, 아니면 주관의 개념적인 관여가 배제된, 순수하게 '주어진 지각 경험'이 있다는 이해 모두와 다른 제 삼의 길이다.

이미 단순한 사실들의 관찰마저도 '이론-부하적인'(theory-laden) 것이고, 이미 존재하는 어떤 개념체계 혹은 해석맥락(Deutungskontext)이 그 사실들을 한갓 주관적인 체험들과 구분시키는 척도를 제공한다는 점에서, 해석에서 자유로운 경험은 없다고 말할 수 있다. 다른 한편으로, 경험은 해석과는 달리 '도전받음'의 계기를 내포하며, 이러한 계기가 우리에게 현실의 요구와 우리 자신의 항상 불충분한 대답 사이의 차이를 의식하게 만든다는 것이다. 셰플러는 이 계기를 '사건'(Ereignis)이라 명명한다. 이제 특별히 종교적인 경험 안에서 현실의 '요구'와 주관의 '응답' 사이의 불균형은 무한대로 상승하며, 그 결과 경험과 해석의 차이는 종교적인 경험 안에서 절대적이 된다는 것이다.

"해석은 해석하는 주관의 고유한 실행이다. 그것을 통해서 경험된 것이 주관에게 파악 가능한 것이 된다; 그와는 반대로 종교적인 인간에게 벌어지는 것은, 그가 현실의 요구에 대해 던지는 대답의 한 복판에서, 인간에게는 불가해한 것 앞에서 모든 주관적인 실행이 절멸된다는 것이다. 그렇기에 대답 자체에는 그것의 내적인 계기로서 침묵이 속하게 된다. 이것은 대답의 거부가 아니라 종교적인 인간이 '신비'(Geheimnis)라 부르는 것에 대해서 응답적으로 공간을 제공하는 것이다."(Schaeffler 1995:432)

직관과 지각, 그리고 경험에 있어서 주관의 반응 혹은 응답이 구성적인 요소임을 시종일관 강조하는 셰플러의 인식론은 대상구성에 있어서 '주관'의 역할을 강조한 칸트의 선험철학을 수용하여 발전시킨 결과이다. 그런데 이때 '응답'이라는 것이 주관의 무의식적이고 자의적인 상상력에 의한 것이 아니라, '대상의 요구에 따른 응답'의 성격을 갖는다는 점에서 셰플러는 경험을 주관적인 해석으로 환원시키는 첫 번째의 인식론적인 입장과 분명히 구분된다.

셰플러의 경험이론을, 그 자신의 표현대로 '가설적인 해석 모델'과 더욱 분명히 구분해주는 것은, '경험방식들의 다수성'에 함축된 '필연성'의 계기이다:

> "객관적인, 다시 말해서 우리의 직관과 사유에 대해서 규준적인, 현실적인 것의 요구는, 다음과 같이 발견되는 바, 그것은 **응답의 특수한 방식을 유발하며**[사체: 필자의 강조], 오직 이를 통해서 언표되는 것이다(다시 말해서 경험하는 자 자신에게 지각할 수 있는 것이 되며, 다른 이들에게도 전달할 수 있는 것이 된다)."(Schaeffler 1995:316)

이 인용문에서 '응답의 특수한 방식'이란 말은, 곧 현실적인 것의 요구가 물리적인 응답, 윤리적인 응답, 미적인 응답, 그리고 종교적인 응답이라는 다양한 방식의 응답을 유발할 수 있음을 의미하며, 이러한 특수한 응답이 내려지는 것은 그때마다

필연적으로 현실적인 것의 요구에 '압도됨'을 통해서인 한, 설령 그 응답이 종교적인 맥락에서 차용된 종교적인 개념으로 언표된다 할지라도, 그것은 주관의 자의적인 해석과는 구별되어야 한다는 것이다. 다음의 인용문이 이 점을 더욱 분명히 보여준다.

"의무로 지워지는 행위의 가능성이나, 성스러운 것의 발현, 감각적으로 지각가능한 현실적인 것의 대체할 수 없는 출현형태를 발견한 자는 그것을 통해서 동시에 하나의 '과제'(예컨대, 윤리적 행위의 과제, 종교적 숭배의 과제, 미적인 직관과 창조의 과제) 앞에 서 있음을 알게 된다. 그는 '또 다른 해석모델'로 전환함을 통해서 이 과제에서 벗어날 수가 없다."(Schaeffler 1995:315)

물리적인 경험뿐만 아니라 다른 방식들의 경험이 엄연히 존재한다는 것('경험방식들의 다수성'), 그리고 그 가운데 하나인 '종교적인 경험' 또한 그 자신의 '자율성과 필연성의 계기'를 갖는다는 셰플러의 주장은 올스톤도 공유하는 내용이다. 하지만 양자 사이에는 중요한 차이도 존재한다. 그것은 바로 종교적인 경험의 '내용'과 관계된다.

올스톤에 따르면, 하느님은 직접적으로 우리의 지각 안에서 자신을 '선하고, 힘이 있으며, 사랑하고 용서하는 분'으로 드러낸다. 이는 종교적인 경험(지각)의 '현상적인 내용'에 해당된다.

이에 반해서 셰플러에게 있어서는 종교적인 경험의 특별히 현상적인 특질은 주장되고 있지 않다. 그에게는 "무릇 경험의 내용이 될 수 있는 모든 것은 또한 종교적인 경험의 내용도 될 수 있다"(Schaeffler, 1995:414)는 정식이 타당성을 가진다. 이러한 이해에 따르면, 종교적 경험은 '하느님에 대한 직접적인 지각'이 아니라, 세계 내의 사물이 '종교적인 방식'으로 나타나는 것, 곧 종교현상학의 용어로 표현하자면, 세계 내의 사물들을 매개로 해서 '성스러움이 발현하는 방식'이라고 할 수 있다.

물론 현상적인 특질이 없다고 해서 종교적 경험의 고유한 내용이 없는 것은 아니다. 종교적인 경험을 한 사람에게는 '전체로서의 세계와 삶이 어떠한 처지에 있는지'가 경험 당사자에게 보편적이고 심오한 의미를 지니고 떠오른다는 것이다. 이렇게 종교적인 경험을 한 사람에게서 초월적인 존재의 본질—속성들('전능, 전지, 무한, 영원성'과 같은 신의 속성들)에 대한 통찰이 아니라, '삶과 세계 전체에 대한 새롭게 변화된 조망'이 나타난다는 의미에서, 셰플러가 말하는 종교적 경험은 해프너가 말하듯이, "삶의 경험의 한 양상"(ein Modus der Lebenserfahrung)(Haeffner, 2004:38)으로 이해될 수 있다.

'경험과 해석의 문제'에 대답하는 세 가지 유형의 인식론적인 입장들은 칸트의 용어로 표현하자면 각각, 회의주의(상대주의), 교조주의(근본주의), 그리고 비판주의의 새로운 버전들이라고 볼 수 있을 것이다. 필자가 보기에, 이제는 비가역적이 되어 버린 칸트의 통찰을 받아들인다면, 선험철학의 비판주의를 계승한 셰플러의 경험에 대한 이해가 앞서 고찰한 두 개의 관점들에 비해서 더욱 설득력 있게 다가온다. 셰플러의 경험에 대한 이해는 비단 그리스도인들의 경험뿐만 아니라, 타 종교인들의 경험, 가령, 불교적인 '깨달음' 역시 보다 잘 해명해주는 해석학적인 기능을 발휘한다고 볼 수 있지 않을까?

| 참고문헌 |

Alston, W.(1991). *Perceiving God*. Cornell University Press.

Bagger, M.(1999) *Religious Experience, Justification, and History*. Cambridge University Press.

Haeffner, G.(2004). Erfahrung – Lebenserfahrung – religiöse Erfahrung. Versuch einer Begriffsklärung. Friedo Ricken(Hg.), *Religiöse Erfahrung*. Kohlhammer.

Hansberger, A.(2004). Gott wahrnehmen. William Alstons perzeptives Modell religiöser Erfahrung. Friedo Ricken(Hg.), *Religiöse Erfahrung*. Kohlhammer.

Hick, J.(1989). *An Interpretation of Religion*. Yale University Press.

Jung, M.(1999). *Erfahrung und Religion*. Alber.

Proudfoot, W.(1985). *Religious Experience*. University of California Press.

Schaeffler, R.(1995). *Erfahrung als Dialog mit der Wirklichkeit*. Alber.

Taves, A.(2009). *Religious Experience Reconsidered*. Princeton University Press.

# 03

종교적 경험의 노에시스

## 선험적 경험으로서의 종교적 경험

종교적 경험의 고유성은, 올스톤이 주장하듯이 추정적으로 신적 본성에 대한 통찰을 중재하는 데에 존립하는 것이 아니라, '우리의 눈과 귀, 그리고 지성으로 하여금 경험될 수 있는 모든 것을 새로운 방식으로 보고 파악할 수 있게 해준다'는 점에 있다. 칸트적인 개념으로 표현하자면, 종교적 경험은 우리의 직관과 사유의 형식들을 변화시키는 경험이다.

그런데 이런 경험은 일반적인 경험의 맥락에서도 발생한다. 이러한 경험을 셰플러는 에드문트 후설(Edmund Husserl)의 개념을 빌려와서 '선험적 경험'(transzendentale Erfahrung), 혹은 '구조를 변화시키는 경험'이라 부르고 있다.(Schaeffler, 1995:27)

이렇게 본다면, 종교적인 경험은 선험적 경험의 특수한 사례라고 할 수 있다. 종교적인 선험적 경험에 대한 범례로서 셰플러가 자주 인용하는 성경 구절은 로마서 12장 2절이다: "여러분은 현세에 동화되지 말고 정신을 새롭게 하여 여러분 자신이 변화되게 하십시오. [...]" 이 말은 곧, 우리의 감수성(직관형식)과 사고방식(사유형식)이 변화되도록 할 때, 삶과 세상에 대한 새로운 시선이 얻어진다는 의미이다. 이때, 종교적 경험이 여타의 선험적 경험과 구분되는 표지는, 인식의 한 부분적인 영역을 넘어서서 '전체적인 삶과 세계'에 대한 새로운 전망을 얻게 된다는 점에 있다.

## 종교적 경험의 구조: 노에시스와 노에마

셰플러는 '노에시스와 노에마 간의 엄밀한 상관관계'라는 후설의 도식을 이용해서 종교적 경험의 구조를 기술하고 있다. 이에 따라서 '종교적 경험의 노에시스'라 함은 종교적 주관의 '지향작용'을 의미하며, '종교적 경험의 노에마'라 함은 그 지향작용 안에서 체험되는 '대상'(성스러움)을 뜻한다.

종교적 경험에 대한 셰플러의 기술은 루돌프 옷토(Rudolf Otto)의 연장선상에 있다. 셰플러의 독해에 따르면, 옷토는 자신의 책 『성스러움의 의미』(Das Heilige)에서 종교적 노에시스가 그 구조상 삼중의 대립으로 결합되어 있음을 분석하고 있다: 첫째,

종교적 작용은 자신의 대상을 지향하되 항상 '부르고, 파악하고, 느끼는' 방식으로 지향한다. 이는 합리성과 비합리성의 결합이다. 둘째, 감정의 작용 안에서는 '환희'와 '전율'이라는 역설적인 감정의 결합이다. 셋째, 부르고 파악하는 작용 안에서는 '개념을 명료히 하는 것'과 파악할 수 없는 것 앞에서의 '침묵'이라는 대립적 결합이다.

셰플러의 보완적 해석에 따르면, 오토가 기술하고 있는 이 세 가지의 대립의 통일들은 공통의 '구조-법칙'에서 귀결된다. 그것은 '강제되고 있음'의 의식과 '필연적으로 좌초할 것'이라는 의식의 역설적 통일이다. 예컨대, 성스러움의 빛과 대면한 종교인은 어쩔 수 없이 성스러움에 이끌림을 의식하면서도, 동시에 그것과의 합일이 필연적으로 좌초할 것임도 함께 의식한다는 것이다. 그는 옷토의 분석이 종교적 노에마보다는 '노에시스'의 측면에, 그리고 노에시스 측면 안에서는 '비합리적인' 계기에 더 치중하고 있다고 평가하면서(Schaeffler, 1997:117), 자신의 기술을 통해서 종교적 노에시스의 '합리적인' 측면을 조명하고 있다. 그것은 곧 '종교적 개념'의 형성에 대한 것이다.

이하에서는 먼저, 비교적 가장 최근의 셰플러의 저서에서 기술된 바에 따라서 '종교적인 지각'의 고유한 내용을 살펴보도록 하겠다.(Schaeffler, 2014) 셰플러가 이 저서에서 '종교적 경험' 이란 말 대신에 '종교적 지각'을 주개념으로 삼고 고찰하는 이유는, 셰플러 자신의 표현을 빌리자면, "성스러움이 우리 경험의 대상이 되도록 하는 현실과의 저 대화는 이미 특수한 종류의 지각함과 함께 시작되기"(Schaeffler, 2014:58) 때문이다.

이어서 종교적인 노에시스의 '합리적인' 측면, 곧 '종교적인 개념의 형성'에 대한 셰플러의 이론을 계속 고찰해 보기로 한다. '종교적 경험의 노에시스'는 이렇게 종교적인 주관 안에서 발생하는 지각과 그에 수반되는 감정, 직관과 사유형식의 변화, 그리고 마지막으로는 새로운 인식(깨달음) 모두를 포괄하는 용어이다.

## 종교적 지각: '눈이 열림'

셰플러는 '종교적인 지각'의 구별되는 표지를 두 가지로 설명하고 있다. 첫째로, 그것은 우리의 '지각능력 전체의 우연성'을 가장 증대된 방식으로 경험하게 해준다. '우연성'이란 말은, 우리 마음대로 조종하거나 처분할 수 없는 사태를 가리킨다. 종교적인 지각뿐 아니라 지각의 저마다의 종류에 있어서 우리는 대상에 접해서 우리의 지각능력의 '근거'를 발견할 뿐만 아니라, 그 능력의 '한계'를 동시에 경험한다. 하지만 종교적인 지각의 경우에는 그 한계가 '최고도로' 경험된다는 것이다. 대상에 접해서 경험되는 지각능력의 근거와 한계의 통일성에 대해서 셰플러가 드는 보기들을 두 가지만 인용해 보겠다.

첫 번째 보기: "엄습하는 밤, 그것은 우리의 장소와 길을 볼 수 없게 만들며, 그러나 우리에게 별들의 장소와 궤도를 지각하게 해주며, 그런 다음에는, 대조적인 체험으로서, 아침, 아침에 즈음하여 별들은 '죽고' 우리의 일상은 다시 '떠오른다'." (Schaeffler, 2014:59) 그런데 어떤 의미에서 이러한 지각체험은 '종교적인' 성격을 얻게 되는가? 그것은 셰플러가 말하듯이 다음을 알아차리게 될 때이다:

"삶도 그러하다. 이 삶이 의거하고 있는 조건들이 문제가 될 때, '일상의 지혜'는 늘 재차 '어리석음'으로서 입증된다. 그러나 또한 역으로: 무엇보다도 조롱하는 자들이 늘 재차 확인하는 것은, 삶의 심층차원이 거기에서 개시되는 바로서의 지혜는, 일상이 우리에게 설정하는 구체적인 과제들과 마주해서는 어리석음이 된다."(같은 곳.)

두 번째 보기 또한 '대립적인 것들의 엮임'에 대한 것이다: "우리를 살아 있게 만들고, 우리가 들이키는 호흡은, 내가 그것을 내쉴 수 없을 때, 나를 질식시키는 죽음으로 이끈다."(같은 곳.)

여기서도 일상의 이런 체험이 종교적인 성격을 얻게 되는 것은 이 체험에 내포된 '깨달음', 곧, '눈이 열림'이다. 셰플러의 설명을 들어보자:

> "여기서도 부분적인 체험들이 전체를 해석한다. 내 삶도 그런 사정에 있다. 하나의 관점 안에서 내 시력을 밝게 만드는 것은, 마치 대낮의 빛처럼, 우리 경험세계의 또 다른 모습들에 대해서는, 가령, 별들처럼, 우리를 눈멀게 만든다. [...] 들이마시는 공기처럼 내게 생명을 주는 것을 나는, 그것이 내게 죽음에 이르게 하지 않으려면, 내주어야 한다."(Schaeffler, 2014:59-60)

종교적인 지각의 고유한 내용은, 이렇게 부분적인 체험들이 전체를 해석하게 해준다는 점에 있다. 다시 말해서, 종교적인 지각에 있어서 문제가 되는 것은, 단지 "우리의 삶과 인식함의 이런저런 부분영역만이 아니라, 전체로서의 이 삶"(Schaeffler, 2014:60)인 것이다. 그때 "'우리에게 눈이 열려서', 그 결과 우리는 [..] 우리와 우리의 경험세계가 전체적으로 어떤 사정에 처해 있는지를 지각한다"(같은 곳.). '눈이 열림'이라는 은유를 통해서 셰플러는 이 같은 '깨달음'이 체험에 대한 후속적인 '반성'의 내용이 아니라, 지각체험의 구성적인 내용임을 말하고 있다. 그것은 윌리엄 제임스가 신비경험의 두 번째 특징으로 거론한, '인지적인(noetic) 특질', 곧 '조명받음'의 상태를 의미하는 말일 것이다.

셰플러가 말하는 종교적인 지각의 두 번째 구별되는 표지는, "신뢰를 구축하고, 동시에 '늘 더 큰' 현실에 접해서 몰아적인 기쁨을 불러일으키는 현재의 계기"(Schaeffler, 2014:61)이다. 지각되는 대상은 늘 자신을 드러내면서 감춘다. 이런 의미에서 대상의 진리는 '늘 더 큰' 것이다. 그런데 사물을 '종교적인 눈'으로 보는 자에게, 모든 지각에 속하는 '늘 더 큰 진리'의 포착은 변화에 자신을 내맡길 수 있는 신뢰와 기쁨의 원천이 된다. 그 이유를 셰플러는 다음과 같이 설명하고 있다:

"진리는 우리가 포착할 수 있는 모든 것보다 더 크다는 것은 좋은 일이다. 그리고 우리가 진리와 마주해서 자기주장의 모든 의도를 극복하고, 진리에 의해서 우리의 지각능력의 한계에 이르게 되는 것은, 우리 자신을 위해서 유익한 일이다. 왜냐하면, 그렇게 해서만 우리의 봄(Sehen)의 모든 한계들을 넘어서는 그 무엇이, 우리에게 '가시적이' 되기 때문이다."(같은 곳.)

루돌프 옷토는 종교적인 노에시스 안에서 발견되는 감정을 '전율과 환희'라는 대립적인 감정의 역설적인 결합으로 관찰했었다. 셰플러 또한 그러한 관찰에 동의하면서, 특별히 '전율'의 감정을 "거룩한 경악"(Schaeffler, 1995:718)이라 부르고 있다. 그리고 그는 '환희'에 해당하는 감정을 여기서처럼 '신뢰와 기쁨'의 감정으로 표현하고 있다. 이러한 감정을 선사하고, 새롭게 '눈과 귀가 열리게 하는 현실'은 이제 어떻게 인식될 수 있을까? 종교적 노에시스의 마지막 국면은 바로, 셰플러의 표현대로, 이 모든 경험적인 '사건'(Ereignis)을 발생시키는 '근거'를 개념으로 인식하는 것이다.

## 경험의 유비

셰플러의 경험 이해에 따르면, 경험은 '저것이 무엇인가?'라는 물음에 대한 대답이 내려질 때 완결되는 것이다. 즉 어떤 것의 '동일성'을 확인할 때에야 우리는 그 무엇에 대한 경험을 하는 것이며, 그것은 '개념'의 형성을 요구한다. 셰플러는 칸트의 '유비' 개념(비례적인 유비)을 빌어와서, 경험 안에서 동일성 확인이 어떻게 이루어지는지를 해명하고 있다. 그는 칸트의 용어인 '경험의 유비'를 다음과 같은 정식으로 새롭게 표현하고 있다: "'보다 더 큰' 현실의 요구와 우리의 직관과 상기, 기대 속에서 내려지는 응답 사이에 존재하는 관계의 회귀는, 지각들을 경험의 통일성이 되게 하는 모든 결합의 근본법칙이다."(Schaeffler, 1995:341) 셰플러는 하나의 보기를 통해서 이러한 사태를 해명하고 있다.

"이를 위해서 언제든 다시 인용되고 있는 보기는 다음의 진술이다. '아침 별은 저녁 별이다.' 혹은, '동일한 행성인 금성은 때로는 아침에 떠 있고, 때로는 저녁에 떠 있는데, 늘 태양과 비교적 가까운 거리에서 창공에 떠 있다.' 이러한 동일성은 지각 안에서 파악되는 것이 아니라, 개념 속에서 파악되는 것이다. 그리고 이러한 개념은 충만한 상호관계들로부터 구성적으로 획득된다. 어떤 관계의 결합체 안에서 상호적인 규정(Bestimmung)이 확인되는 것은 한 실체('비너스라는 행성')의 동일성 확인에 발생적으로 선행한다."(Schaeffler, 1995:342)

그런 이유로 '관계'의 범주들 가운데서도 '상호작용'의 범주는 한 실체의 동일성 확인을 위해서 발생적인 우위를 점한다. '경험의 유비'란 결국 한 대상과 주체와의 '유사한 관계'가 서로에 대한 작용 안에서 반복해서 회귀할 때, 이에 대한 지각들을 통해서 그 대상의 동일성을 객관적으로 인식하게 된다는 말이다. 셰플러가 누누이 강조하고 있듯이, 주관적인 체험(지각)이 객관적인 타당성을 가진 경험으로 변형되어야 한다는 것은, 바로 대상의 동일성(곧, 저것의 '무엇임')에 대한 인식에까지 이르러야 비로소 경험이 이루어진다는 것을 말하기 위함이다. 그래서 경험이란 말의 어원적 의미를 고찰할 때 보았듯이, 경험(인식)은 직관과 지각의 선행하는 과정들을 거쳐서, 마지막에 그 '수확물'이 언표될 때에야 이루어지는 것이다.

## 종교적 개념의 형성

'경험의 유비'를 새롭게 정식화하고 나서, 이제 셰플러는 이를 종교적인 맥락에 적용하고 있다. 그는 '종교적 경험의 유비'를 다음과 같이 기술한다.

> "'세계와의 인간적 대화가 위협받고 있음'과 '예상할 수 없는 그 대화의 복구' 사이에 존재하는 [**동일한**] 관계들의 회귀[**유비**: 사체는 필자의 첨언]는, 종교적 지각들을 종교적 경험이 되게 하는 모든 결합의 근본법칙이다. 언제나 불충분한 인간적 대답이 현실의 더 큰 요구 앞에서 결정적으로 좌초하지 않고, 오히려 그 요구와 대답 사이에 늘 재차 대화적 관계가 생겨나는 것은, 현실과의 관계가 성공적이 되는 '우연성(Kontingenz)'을 늘 새롭게 '신적인 자유의 출현형태(Erscheinungsgestalt göttlicher Freiheit)'로 만들어준다."(Schaeffler, 1995:460)

이미 위에서 보기로 들었던 종교적인 지각의 구체적인 내용이 '종교적 경험의 유비'가 무엇을 뜻하는지를 예시해준다. 이밖에도 종교 언어 안에서는 위의 기술이 그림들을 통해서 표현되기도 한다. 가령, '눈멀게 하는 번개'는 우리가 그것을 본 순간, 어떤 것도 볼 수 없게 만든다. 혹은 '천둥소리'를 들을 때, 우리의 귀가 마비된다. 이처럼, '종교적 경험의 노에시스'에 속하는 것은, 그것이 종교인의 경험능력 전체를 그 한계로까지 이끌지만, 그를 침묵하도록 만들지 않고, 자신의 힘에 귀속시킬 수 없는 응답의 능력을 선사한다는 점이다.(Schaeffler, 2004. Bd I:177-178)

종교적 주관을 이런 상태로 이끄는 현실과의 관계가 반복됨을 통해서(관계의 유비) 종교인은 그 '누멘적인 현실의 동일성'을 인지할 수 있게 된다. 라틴어 '누멘'(numen)은 어떤 필연성을 통해서도 강제할 수 없는 '눈짓', 곧 '신성의 의지적인 힘'을 의미한다. 그것은 각기의 종교전통 안에서 고유한 이름으로 불리고 있지만, 종교현상학자들은 그것을 '성스러움'이라는 공통상수로 표현한다. 셰플러에게 있어서도 '신적인 자유'의 개념은 "누멘적 자유"(numinose Freiheit)'(Schaeffler, 1995:450)라고도 명명되고 있으며, 이 개념이야말로 그가 보기에는 종교적인 경험세계를 규정하는 중심개념이다. 이로써 종교적 경험은 '자유로운 힘'과의 만남으로 해석되고 있다.

'종교적인 경험의 유비'라는 개념을 신학적인 맥락에 적용한다면, 예컨대 추정적인 신 체험에 있어서, 먼저 신적인 존재 자체(신의 실체와 본성)가 경험되는 것이 아니라, 신적인 존재에 대한 우리의 관계가 발생적으로 선행하면서 체험되고, 이를 통해서 마지막으로 신성의 동일성이 신개념(종교적 개념)의 형성과 함께 인식된다고 볼 수 있다. 필자가 보기에, 신약성서 요한복음 21장에 나오는 '일곱 제자에게 나타나신 부활한 예수'의 설화는 이에 대한 하나의 범례가 될 수 있을 것이다. 제자들이 부활하신 예수를 '주님'으로서 알아보게 된 것은, 예수님 생전에 맺었던 그분과의 관계가 유사하게 반복됨을 통해서였다. 그리고 셰플러가 말하고 있듯이 신의 속성을 나타내는 일차적인 술어는, '전지, 전능, 영원성, 등등'의 철학적인 사변을 통해서 길어진 개념들이 아니라, 인간과의 대화를 지속시키는 체험된 속성, 곧 '자유로운 힘'이 될 것이다.

### | 참고문헌 |

Otto, R.(1917). *Das Heilige*. 길희성 옮김(1987). 『성스러움의 의미』. 분도출판사.

Schaeffler, R.(19972). *Religionsphilosophie*. Alber.

Schaeffler, R.(1995). *Erfahrung als Dialog mit der Wirklichkeit*. Alber.

Schaeffler, R.(2004). *Philosophische Einübung in die Theologie. Bd I*. Alber.

Schaeffler, R.(2014). *Erkennen als antwortendes Gestalten*. Alber. 이종진 옮김(2021). 『셰플러의 인식론』. 도서출판 하우.

# 04

# 종교적 경험의 노에마

3장은 종교적 경험의 당사자에게서 나타나는 의식의 지향작용, 곧 '종교적 경험의 노에시스'에 대해서 기술하였다. 그러한 의식상태에서 경험되는 종교적인 현실(대상), 즉 '종교적 경험의 노에마'는 종교현상학의 용어로 '성스러움'이라 불린다. 이제 '성스러움'에 대한 미르치아 엘리아데(Mircea Eliade)의 관찰과 이를 계승한 셰플러의 기술에 따라서 '종교적 노에마의 구조'를 알아보기로 한다. 성스러움은 '어떤 방식으로' 인간에게 출현하는가?

## 성현(Hierophanie)의 변증법

'성현(聖現)의 변증법'이란 말은 비교종교학의 대가인 엘리아데가 사용한 용어로서, 성스러움 자체에 내재한 '대립적인 것의 공존'(변증법, 역설)을 의미하는 말이다. 먼저 '성현'(聖現)이란, 말 그대로 '어떤 성스러운 것이 우리에게 나타나는 것'을 뜻한다. 이

말은 성과 속의 이분법을 전제로 한다. 엘리아데에 따르면 다양한 종교 현상들 이면에는 어떤 공통의 구조가 있는데, 이를 그는 '성현의 변증법'이라 부르고 있다. 이것은 다음의 두 가지 내용을 담고 있다:

첫째로, 성현의 변증법은 '어떤 사물이 자신과는 전혀 다른 것(성스러운 것)이 된다'는 역설(paradox)이다. 이를 엘리아데는 다음과 같이 설명하고 있다.

"비록 가장 원시적인 성현이라 할지라도 모든 성현 속에 표현된 패러독스는 아무리 강조해도 지나치지 않다. 성스러움이 현현함으로써 사물은 어떤 **전혀 다른** 것이 되는데, 그러나 그 후에도 의연히 그 사물임은 변하지 않는다. 왜냐하면, 그것은 그 후에도 우주적인 환경 세계에 관여하고 있기 때문이다. **성스러운 돌**도 여전히 한 개의 **돌**이다. 즉 겉으로 볼 때는(좀 더 정확히 말하면, 세속의 관점에서 보면) 그 돌을 다른 일반적인 돌과 구별할 수 있는 것은 아무것도 없다. 그러나 돌이 성스러운 것으로서 계시되는 사람들에게는 눈앞의 현실이 초자연적 실재로 변한다."(엘리아데, 1998:49-50)

두 번째로, 성현의 변증법이란 '어떤 사물이 자신과는 전혀 다른 어떤 것이 되면서도 그것을 온전히 드러내지는 못한다'는 점에 존립한다.

> "[...] 성은 그 자신과 다른 어떤 것을 통하여 자신을 표현한다. 그것은 사물이나 신화 혹은 상징으로 나타나지만, 결코 전부를 또 직접적으로 나타내지는 않는다. 따라서 이러한 관점에서 보면 성스러운 돌, 비슈누(Visnu)의 권화(權化), 주피터의 상, 야훼의 출현은 **모두** 신자에게 동시에 실제로도 또한 불충분한 것으로도 나타날 수 있다. 왜냐하면, 어떤 경우에도 성은 그 자신**을 일정한 한계 내에서** 표명하고 또 구현하기 때문이다."(엘리아데, 1996:84)

이런 관찰과 진술을 통해서 우리가 알 수 있는 것은 두 가지이다. 첫째로, 성스러움 자체는 하나의 '대상'이 아니라는 것이다. 그보다는 오히려 모든 사물과 대상이 성스러움을 반영한다고 말하는 것이 옳을 것이다. 그런 점에서 종교적 경험에 고유한 '대상'은 다른 대상들과 나란히 만나지는 어떤 특수한 대상이 아니라, 세계 안에 존재하는 모든 사물이 '종교적인 방식으로' 경험될 수 있다. 이런 의미에서 셰플러는, "도대체 경험의 대상이 될 수 있는 것은 모두가 또한 종교적인 경험의 대상이 될 수 있다"(Schaeffler, 1995:415)고 말한다. 둘째로, 셰플러가 '은폐 속의 현현'이라고 표현하고 있듯이, 성스러움은 늘 자신을 감추는 방식 속에서 드러낸다는 점이다.

## 종교적인 지각과 하느님지각의 차이

'성현의 변증법'은 '종교적인 지각'이 '신적 대상'에 대한 직접적인 체험이 아니라, '세계현실'을 지각하는 하나의 방식이라는 점을 말해주고 있다. 그래서 셰플러는 '종교적인 지각'과 '하느님지각'을 구별하고 있다. 그에 따르면, '하느님지각'은 신적인 선택의 표현이다. 따라서 우리의 지각능력의 도야와 양육을 위한 어떤 진력도 신적인 자유에 유보된 하느님지각을 초래할 수는 없다는 것이다. 그는 보기들을 통해서 이 차이를 해명하고 있다.

> "하느님지각에로의 이례적인 초빙을 주장하지 못하는 우리들은, 이사야처럼 '성전 어좌에 앉아계신 주님'을 보지 못한다. 우리는 베드로, 요한, 야고보 사도들처럼 거룩한 산에서 예수님의 변모에 대한 목격자들이 되지 못한다. [...]"(Schaeffler, 2014:62)

하지만 '하느님지각'의 이례적인 사건들에 대한 보도들은, 예언자들과 사도들 역시 새로운 '눈의 열림'을 선사 받기 이전에, 지각능력의 한계로까지 이끌렸다는 점을 말해주고 있으며, 따라서 이러한 보도들은 우리에게는 세계현실을 종교적인 방식으로 지각하게 해주는 지침의 역할을 한다는 것이다. 다음의 인용문은 종교적 지각과 하느님지각의 '차이'뿐만이 아니라, 양자의 '유사성' 또한 드러내는 언명이다.

"그 한계에 접해서 우리가 알아차리는 것은 이렇다: 우리는 우리 자신의 지각함과 응답에 있어서 강하지 않으며, 몇몇 경험들의 영향 아래서 눈이 멀고 말문이 막히게 될 수도 있으며, 그 결과 세계가 전체적으로 가라앉는다는 것이다. 그리고 그런 다음에 우리의 눈이 다시 열리고, 혀가 다시 풀리게 되면, 그때 우리는 그것을, 우리 마음대로 처분할 수 없는 바로서의 한 자유의 선물로서 파악하게 된다. […] 예언자들과 사도들이 경험한 것에 대한 보도들은 우리에게는 […] 저 지각함을 배우는 바로서의 학교들이 될 수 있다[…] 그 성스러움이 우리를 한계로까지 이끄는 바로 그곳에서 저 성스러움에 신뢰하며 우리를 맡기는 것."
(Schaeffler, 2014:63-64)

이렇게 본다면, 종교적인 지각은 하느님에 대한 직접적인 지각은 아니더라도, 두 가지 지각들 사이에 '유비'가 존재한다고 말할 수 있다.

## 종교적으로 지각된 세계: '성스러움의 그림들의 앙상블'

이미 말해진 것들 안에서 종교적인 지각에 고유한 '대상'도 함께 언급되었다. 그것은 종교현상학의 용어로 '성스러움'(das

Heilige)이다. 종교적인 지각이 '하느님지각'과 구분되는 것처럼, 종교적인 노에시스와 엄밀한 상관관계에 있는 종교적인 노에마, 곧, '성스러움'은 우리가 직접 보고 파악하는 그 어떤 대상이 아니라, 오히려 그러한 대상들 안에서 그리고 그것들 안에서만 알려지는 그 무엇이다. 셰플러는 그렇게 경험되는 대상들을 '성스러움의 그림들'이라 표현하고 있다.

신학적으로 표현하자면, 그것들은 '하느님의 영광을 반사하는 세계 내 사물들 내지는 사건들'이다. '성스러움 그 자체'는 그것을 드러내는 '성스러운 것'과 구분되며, 셰플러는 이러한 차이를 '그림'이라는 은유로 설명하고 있다: "*우리가 경험하는 모든 것은 종교적인 지각을 위해서 그림의 성질을 획득한다. 그림의 기능은, 그것이 의미하는 것과의 유사성에 의거하는 것이 아니라, 그것의 현재화(Vergegenwärtigung)에 의거한다.*"(Schaeffler, 2014:64) 셰플러 자신이 언급한 것은 아니지만, 이렇게 성스러움의 빛을 반사하는 그림들 가운데서도 가장 빼어난 것은 '성스러운 인간'일 것이다. 성서적 인간관에 따라서 보더라도, 인간은 본래 '신의 모상'(imago Dei)으로 창조된 존재가 아닌가?

그림들 안에서 '현재화'되는 것은 자신을 감추면서 드러내는 '성스러움'이다. 그리고 성스러움에 대한 경험은 특별한 종류

의 감정도 동반한다:

> "현실적인 것을 그림으로서 포착하는 자는, 그것을 해석할 과제를 갖는다. 종교적으로 이해된 그림들에 대한 확증된 해석은 다음을 뜻한다: 그림들 안에서 현전하는 것은 '성스러움'이라 불린다. 이것은 우리의 모든 삶의 수행들의 근거이자 동시에 한계이다. 왜냐하면, 그림들이 오직 가능한 이유는, 그것들이 모사된 것(das Abgebildete)을 지시하기 때문이다. 그러나 그림들의 전체적 세계는, 모사된 것 자체가 자신의 출현을 예고할 때 사라진다. 그래서 그것의 현상함에 대한 인간적인 반응은 환희와 경악의 통일체이다."(Schaeffler, 2014:65)

성스러움을 반사하는 모든 것을 셰플러가 '그림'이라는 은유로 표현하는 것은 적절해 보인다. 결국, 그림은 언젠가는 그 빛이 바래면서 소멸할 운명을 갖기 때문이다. 그렇지만 그림은 자신의 '품위' 또한 갖는다. 바로 그것이 자신 안에서 모사된 것, 곧 '성스러움'을 반사하고, 그것을 지시하기 때문이다.

셰플러는 시종일관 후설의 현상학을 종교적인 영역에 적용한 '종교현상학'의 방법론에 따라서 성스러움의 구조를 고찰하고 있다. 종교적인 지각에 고유하게 주어지는 종교적 노에마는 '성스러움의 현상형태(그림)로서 해석된 세계현실'이며, 따라서 그것은 이미 언급했듯이 신적 본성에 대한 통찰 내지는 '인식'과는 다른 것이다.

## 플라톤의 '태양의 비유'

'성스러움' 자체와 그것을 모사하고, 반사하는 '그림들'(세계 내 사물들과 사건들)이 이처럼 구분되는 것이라면, 플라톤의 『국가』에 나오는 '태양의 비유'가 이를 설명하는 적합한 철학적 해석학의 역할을 할 것이다. 칸트의 선험철학은 주관이 대상을 인식(경험)하는 것이 어떻게 가능한지를 묻는 철학이다. 셰플러는 선험철학의 유래가 플라톤에게까지 거슬러 올라감을 해명하면서, '태양의 비유'를 인용하고 있다.

태양은 주체도 아니고, 객체도 아니다. 그것은 '제3의 크기'이다. 태양은 선의 이데아이자 진리 자체를 뜻하는 하나의 은유이다. 우리가 진리를 인식하게 되는 것은, 마치 태양과도 같은 진리의 이데아가 우리 '주관'을 비추고, 동시에 우리와 마주 서 있는 '대상'(객체)을 비춤으로써만 가능하다. 물리적인 환경 안에서도, 태양이 빛을 방출해야 그 빛의 힘이 비로소 우리 주변의 사물들, 자연과 환경 세계, 나의 이웃들을 우리가 알아볼 수 있도록 환히 밝혀준다. 아울러 태양이 비쳐야만 우리의 눈도 비로소 보는 역할을 행할 수 있다. 하지만 빛이 없는 깜깜한 밤중에는 아무것도 볼 수가 없다. 결국, 우리가 태양의 존재를 경험하는 것은 '태양의 빛'을 받아서 '그 빛을 반사하는 다른 사물이나 대상들'을 먼저 만나면서이다.

이렇게 플라톤은 주객을 넘어서는 원천을 '태양의 비유'(비-대상적인 빛)로 설명하고 있다. 이 원천은 어떤 종류의 존재자도 아니며, '존재의 저편'에서 찾아야 할 것으로 제시되고 있다. 셰플러는 플라톤 이래의 '선험적 신학'이 이러한 크기를 '신'으로 이해해 왔다는 것을 지적하면서, 이제 이러한 철학적 신개념이 종교적 경험에서 만나는 '성스러움'의 존재를 이해시키는 적합한 도구가 될 수 있다고 주장한다.(Schaeffler, 1997²:69)

흥미롭게도 셰플러는 불교적인 신비경험 또한 성스러움에 대한 경험, 즉, '초대상적인 빛'의 발현으로 이해하고 있다.(Schaeffler, 2004 Bd II:72) 종교적인 경험이 '인격적인 신과의 직접적인 만남'보다 그 외연이 더 넓은 것으로 이해된다면, 플라톤의 선험철학('태양의 비유')은 여러 종교 전승들의 체험을 이해시키는 보편적인 해석학이 될 수 있을 것이다.

## '항상 더 큰 진리'와 종교의 역사성

'성스러움이 자신을 감추는 방식 속에서 현전한다'는 것은, 설령 그것이 성스러움과의 합일처럼 느껴지는 최상의 신비경험이라고 하더라도, 종교적 경험이 일회적인 경험으로 끝나지 않는다는 것을 말해준다. 그래서 셰플러는 그리스도교 교부의 금언대로 종교적인 경험 안에서 만난 '성스러움'은 '항상 더 큰 진리'(veritas semper maior)로서 자신을 드러낸다는 점을 반복해서 역설하고 있다. 캔터베리의 안젤무스(Anselmus)의 잘 알려진 신개념, 곧 '그보다 더 큰 것을 생각할 수 없는 그 무엇'(id quod maius cogitari nequit)은 지성이 도달한 개념일 뿐만 아니라, 이렇게 성스러움에 대한 경험을 통해서 얻어지는 것이기도 하다는 점을 셰플러는 지적하고 있다.(Schaeffler, 1997[2]:119)

'항상 더 큰 진리'에 대한 고백의 성서적 보기를 하나 들자면, 코린토 1서 13장 12절의 내용이다: "우리가 지금은 거울에 비친 모습처럼 어렴풋이 보지만, 그때에는 얼굴과 얼굴을 마주볼 것입니다." 이러한 고백은 단지 종말의 때에 이루어지는 것이 아니라, 현세적인 '삶의 역사' 안에서 반복해서 발생하는 것이다. 종교적인 노에마의 역설적인 구조, 곧 '은폐 속의 현현'은 여전히 감추어져 있는 신적인 진리가 계속해서 우리의 눈을 멀게 했다가 다시금 열리게 하는 사건들(종교적 노에시스: 회심들)을 통해서 드러나게 되리라는 것을 예감하게 해준다. 그래서 종교의 역사는 새로운 종교적 경험과 함께 계속된다고 말할 수 있다.

종교적인 경험 안에서 체험되는 대상을 셰플러와 같은 방식으로 파악한다면, 이는 여러 종교 전승들의 증언과도 부합하는 것처럼 보인다. 더 나아가서 플라톤의 '태양의 비유'로 그러한 신적 실재를 이해할 수 있다면, '철학자들의 신'과 '종교인들이 경험하는 신' 사이에는 '사유의 구성물(개념)'과 '체험된 내용'이라는 차이에도 불구하고, 파스칼이 생각했던 것처럼 하나의 대구가 아닌, 긴밀한 연관이 있다고 보아야 할 것이다.

### | 참고문헌 |

플라톤, 『국가 · 政體』, 박종현 역주(1997). 서광사.
Eliade, M.(1958). *Patterns in Comparative Religion*. 이은봉 옮김(1996). 『종교형태론』. 한길사.
Eliade, M.(1961). *Das Heilige und das Profane*. 이은봉 옮김(1998), 『성과 속』. 한길사.
Schaeffler, R.(1997²). *Religionsphilosophie*. Alber.
Schaeffler, R.(1995). *Erfahrung als Dialog mit der Wirklichkeit*. Alber.
Schaeffler, R.(2014). *Erkennen als antwortendes Gestalten*. Alber.

# 05

## 종교적 경험의 인식표지와 합리성

종교철학은 종교를 연구하는 다른 학문 분야들과는 달리 마지막에는 종교적 현상의 '진리성'을 문제 삼는다. 셰플러 역시 종교철학자로서 종교적 경험이란 현상을 관찰하고, 그 구조를 종교현상학의 방법론으로 분석한 후에, '참된' 종교적 경험의 인식표지를 제시하고 있다. 그것은 흔히 그리스도교 영성과 신학 안에서 말해지는 '영들의 식별' 원칙이다.

## 종교적 경험의 세 가지 인식표지

종교적인 경험에 대한 오해를 바로잡는 척도들을 셰플러는 세 가지로 제시하고 있다. 첫 번째 척도는 '나쁜 영'을 식별하는 것이다.

> "인간을 최종적으로 침묵하게 만드는 것, 자신이 책임져야 할 대답에 무능하게 만드는 것, 그리고 그에게 요구와 대답 사이

의 차이를 잊게 함으로써 자기숭배로 오도하는 것, 그것은 사악한 영(Lügengeist)이다."(Schaeffelr, 1995:716)

부연하자면, 모든 '자기-지혜나 자력, 그리고 자기-정의감이 무력화됨에 대한 의식'이 곧 성스러움을 대면한 사람의 표지이다. 하지만, 겉으로는 경건한 겸손의 옷을 입은 듯 보이지만, 실제로는 거룩한 분의 이름 아래서 자기 자신을 신성시하는 행태는 종교적인 경험에서 비롯되는 결과가 아니다.

두 번째 척도는 종교적 경험의 노에마, 곧 '누멘적인 힘'의 현존과 관계된다. 그것은 모든 것의 근원에 있었던 것으로서, 한 처음에 내렸던 축복과 저주의 양자택일을 언제든 새롭게 내리는 힘으로서 경험되는 것이다. 그래서 종교 전승에서는 이 힘이 '생명을 선사하는 힘'과 '죽이는 힘'의 통일로서 기술되기도 한다. 따라서 성스러움의 현존을 현재에 경험하는 당사자는 '거룩한 경악'에 빠지게 된다는 것이다. 셰플러가 제시하는 두 번째 척도는, 이 감정이 '의연함'(Gelassenheit)의 감정으로 이끄는지를 관찰하면서 얻어진다.

"종교인이 '거룩한 경악'을 관통하면서 새로운 의연함에 이르지 못하는 곳에서, 또한 그가 새롭게 얻은 의연함을 세상과 그의 운명에 대한 무관심과 혼동하는 곳에서, 그는 종교적 경험의 내용, 즉 성스러움의 요구와 약속(Zusage)을 오인한 것이다."
(Schaeffelr, 1995:718)

새롭게 획득한 '의연함'은 과연 죽음에 대한 공포마저도 넘어선 최상의 '자유'와 몰아적인 '기쁨'을 선사할 수 있다. 그러나 이때 생겨나는 위험은, 이것이 일상적인 삶에 대한 책임의식을 잃어버리게 할 수 있다는 것이다. 따라서 종교적인 경험이 중재해준다고 믿는 삶과 죽음에 대한 '무관심'은 실은 수많은 상처와 실망에서 벗어나지 못한 결과일 뿐, 진정한 종교적 경험의 열매라고 할 수는 없다. 성스러움의 요구를 경험한 당사자는 어떤 대답을 내리도록 도전받게 되며, 그 대답은 다름 아닌 '세상에 대한 봉사'인 것이다. 그렇게 본다면, 그리스도교 전승이 가르치는 것처럼, '신에 대한 봉사'와 '세상에 대한 봉사'는 하나이다.

종교적인 경험의 세 번째 인식표지 역시 종교적 노에마의 특성으로부터 얻어지고 있다. 그것을 셰플러는 그리스도교 '성사론'(Sakramentenlehre)의 용어들을 가지고 설명하고 있다.

"노에마적인 측면에서 성스러움의 계시와 유보[은폐: 필자 부연]의 저 통일성은 종교적인 경험의 내용이 될 수 있는 모든 것을 하나의 표징으로 만드는데, 그 표징은 자신을 넘어서서 다음을 지시한다: 회상적 표징(signum rememorativum)으로서 근원으로

되돌리며, 예시적 표징(signum prognosticum)으로서 완성을 선취하며, 실증적 표징(signum demonstrativum)으로서 현재의 만남의 심층적 의미를 지시한다[...] 그러한 표징 안에서 모인 근원의 상기와 완성의 기대는 하나의 설화맥락의 테두리를 생겨나게 하는데, 도대체 경험의 내용이 될 수 있는 모든 것이, 전적으로 현세적인 것도, 그 안으로 포섭될 수 있다."(Schaeffelr, 1995:719)

이 언명에서 드러난 종교적 경험의 세 번째 인식표지는, 종교적 경험이 그 경험을 한 당사자에게 '자기 삶의 역사와 자신의 전체적인 경험세계의 역사를 이야기할 수 있는 능력'을 중재한다는 데에 있다.(Schaeffler, 1995:720) 이렇게 본다면, 종교적인 경험은 일상의 경험과 분리된 것이 아니라, 도리어 그것의 의미를 밝혀주는 해석학적인 기능을 수행한다.

셰플러가 제시하는 종교적 경험의 인식표지들은 결국 '나무는 그 열매를 보면 안다.'(마태 12,33)는 성경의 식별원칙에 따른 것이다. 윌리엄 제임스가 신비경험에 대해 논하면서, 신비적인 의식의 영역에서는 '천사와 뱀이 공존한다'고 말한 바 있듯이(윌리엄 제임스, 2003:513), 종교적인 경험이 한갓 '독백'이 아니라, '성스러움'과의 만남이었는지를 알아보는 가장 믿을만한 방도는 그 경험의 당사자가 보여주는 실천적인 열매들이다.

## 종교적 경험의 합리성

영들의 식별원칙은 '종교적 경험의 진리성'을 가늠하는 '실천적인' 척도라고 할 수 있다. 이와 함께 셰플러는 '종교적 경험의 합리성'이라는 주제 아래서, 종교적 경험의 진리성을 '이론적인' 측면에서도 고찰하고 있다. 그것은 곧, 종교적 경험의 '대상능력', '진리능력', 그리고 '객관적 타당성'이다. '종교적 경험의 합리성'이라는 주제는 셰플러의 종교철학이 특별히 강조하고 있는 내용이다. 그는 이미 종교적 경험의 노에시스를 분석하면서, 이전의 종교현상학자들이 시도하지 않았던 종교적 노에시스의 '합리적인' 측면, 곧 '종교적 개념의 형성' 과정을 해명한 바 있다. 이제 그 맥락에서 셰플러는 이미 언급한 세 가지 중심개념들을 가지고 종교적 경험이 '합리적인' 것임을, 곧 다른 이들에게도 유의미하고 '이해될 수 있는' 것임을 밝히고 있다.

### 종교적 경험의 '대상능력'(Gegenstandsfähigkeit)

종교적 경험의 '대상능력'이란 곧 '대상연관'을 의미한다. 셰플러가 종교적 경험의 합리성의 첫 번째 내용을 '대상연관'에서 확인하는 이유는, '논리실증주의'와의 대질에서 연유한다. 논리실증주의에 따르면, 형이상학적인 언사나 종교적인 언사, 가령 '하느님은 사랑이다.'와 같은 언사들은, '지시체'(reference), 곧 경험적으로 확인할 수 있는 '대상'을 결한 단어들(가령, '신')의 배열이기에 무의미하다는 것이다. 이와 같은 '무의미성의 의혹'과 마주해서 셰플러는 종교적 언사, 그리고 그것이 표현하고 있는 종교적 경험은 분명한 '지시체'를 갖고 있음을 입증하려는 것이다.

이때 종교적 경험의 대상이라고 불리는 것은, 이미 언급한 대로 세계 내의 사물들, 곧 '경험적' 대상들과는 구별되며, 그것들이 종교적인 방식으로 체험되도록 비추는, 주객을 초월한 크기로서의 '성스러움'을 의미한다. 세계현실에 대한 경험 안에서 그것이 '함께 경험되기에' 그것은 종교적 경험에 고유한 대상이 된다. 따라서 종교적 경험은 한갓 주관의 투사(Projektion)나 산출(Konstruktion)이 아닌, '지시체'를 갖는 경험인 것이다.(Schaeffler, 2004:183)

## 종교적 경험의 '진리능력'(Wahrheitsfähigkeit)

고전적인 진리관에 따르면, 진리는 '지성과 사물의 일치'(adaequatio intellectus et rei) 안에 존립한다. 즉, 우리의 정신(혹은 언어, 생각 등등)과 (지향된) 사안(현실)이 일치할 때 우리는 '참'이라고 말한다. 우리가 이러한 진리개념을 고수한다면, 종교적 경험의 '진리능력'은 어떻게 설명될 수 있을까? 만일 종교현상학자들이 말하듯이, 종교적 노에시스(주관의 지향작용)에 필연적으로 종교적 노에마(그 지향작용에 주어지는 대상)가 '상응한다면', 종교적 직관과 지각 그리고 사유는 늘 참일 수밖에 없으며, 그와 함께 종교적 경험은 모든 오류로부터 면제된 것이 아닌가?

첫 번째 물음에 대해서 셰플러는 '일치'(adaequatio)라는 말의 의미를 새롭게 규정하면서 하나의 대답을 발견하고 있다. 진리가 현실적인 것(대상)과의 '일치'에 있다면, 이것은 '근접'이나 '동화'라는 의미에서가 아니라, 주관 안에서의 현실적인 것의 '현현' 내지는 '재현'이라는 의미에서라는 것이다.(Schaeffler, 2004:124-125) 그렇다면 종교적 경험의 진리능력은 우선, 그 대상과의 '만남'에서 비롯된다고 볼 수 있다. 일치가 '만남'이라는 의미로 해석되면서 종교적 대상(성스러움)의 '항상 더 큰 진리'는 보존되고 있다.

두 번째 물음과 관련해서 그는 종교적 경험의 진리능력을 결정적으로 종교적 주관의 응답에서 발견하고 있다. 그것은 다름 아닌 '찬미의 호칭기도'(Homologia)이다. 유보 없이 자신을 헌신하는 응답적인 찬가야말로 성스러움의 요구에 '상응하는'

(homologei) 것이고, 이 찬가를 발할 수 있는 능력이 곧 진리능력이라는 것이다.(Schaeffler, 2004:186) 이것은 단지 종교적 주체의 언사에서만이 아니라, 그가 영위하는 헌신적인 삶 속에서도 드러나는 것이다. 이렇게 본다면, 종교적 주체가 성스러움의 요구에 '상응하게' 응답하지 못할 경우, 종교적 진리는 은폐된다고 말할 수 있다.

종교적 경험 역시 여타의 경험들처럼 대화의 성격을 가진 것이라면, 그것의 참과 거짓의 구분은 이렇게 종교적인 주관이 어떻게 응답하는가에 달려있게 된다. 그렇다면, 그리스도교 전승의 맥락에서 볼 때, '찬미의 기도'(doxology)야말로 하느님의 영광(doxa)과 진리를 드러내는 가장 빼어난 기도라고 말할 수 있을 것이다.

## 종교적 경험의 객관적 타당성

셰플러의 '종교적 경험의 인식론'을 영미의 종교철학자들과 구분시켜 주는 하나의 특징은 1장에서 상술한 '체험'과 '경험' 간의 구분이다. '체험'이란 셰플러에게 있어서는 순간적인 '직관'과, 이러한 직관의 내용이 과거의 직관의 회상과 미래의 직관의 선취를 통해서 현재로 종합되는 '지각' 모두를 포괄하는 내용을 의미한다. 하지만 이렇게 지각된 내용은 '나에 대해서만' 타당한 것이며 오류에도 면역되어 있는 것이다. 따라서 그것이 다른 주체들에 대해서도 '객관적인 타당성', 곧 '진리능력'을 가질 수 있으려면, '경험의 맥락' 안에서 자신의 위치를 점할 수 있도록 '변형'되어 '인식'의 상태로 고양되어야 하며, 이는 '종교적 개념'의 차용을 통해서 비로소 이루어지는 것이다. 이런 의미에서 셰플러가 말하는 경험은, 곧 '경험인식'이며, 동시에 '문맥-경험'이다.

셰플러의 관점에 대해서 가해지는 몇몇 철학자들의 비판은 주로 이 점과 관련된다. 특정한 종교적 경험이 그 경험의 당사자가 속해 있는 전승공동체의 맥락 안에서 그 객관적 타당성을 인정받을 수 있다고 하더라도, 그것은 여전히 종교적 전승공동체의 '내부적 관점'에 머물러 있는 것일 뿐, '외부적인 합리성'의 척도에 기대어서 검증될 수 있는 것은 아니지 않은가? 그와 함께 종교적 경험의 객관적 타당성이 그 경험을 한 당사자의 종교적 신념을 정당화하는 것도 한계에 부딪히는 것이 아닌가? 비교적 셰플러의 종교경험의 인식론을 호의적으로 기술하는 안드레아스 한스베르거(Andreas Hansberger) 같은 철학자에게서도 이러한 비판은 마지막 물음으로 남는다.(Hansberger, 2013:192)

이러한 비판과 마주해서 셰플러는, 종교적 경험의 내용이 극히 개인적인 것이라고 하더라도 그것은 '나에 대해서만' 타당한 것이 아니라, '다른 이들에게도' 진리를 중재해줄 때에만 그 '객관적 타당성'이 확증된다는 것을 시종일관 강조하고 있다. 셰플러에 따르면, 종교적인 경험의 방식은 경험의 저마다의 방식과의 '해석학적인 상호관계' 안에서 자신을 확증해야 한다. 이를 그는 종교적인 방식으로 표현하고 있다: "그것[종교적인 경험]은 선별된 장소들, 시간들, 삶의 수행들, 즉 '거룩한 땅'만이 아니라, '모든 땅'이 신적인 '영광으로 충만하다'는 것을 보여주어야 한다."(Schaeffler, 2004:194) 이는 곧 종교적 경험이 발휘하는 '보편적인 해석학적 기능'을 의미한다. 아래의 비교적 긴 인용문이 이를 보다 구체적으로 설명해주고 있다.

"'객관성'이 종교적 맥락에서 의미하는 것은 변화에 저항하는 규준(Maßgeblichkeit)의 방식이 아니라 해석학적인 권한(Kompetenz)에 대한 지속적인 주장이다. 종교적 경험은 눈과 귀, 그리고 지성으로 하여금 경험될 수 있는 모든 것을 새로운 방식으로 보고 파악할 수 있게 해줌으로써 객관적으로 타당한 것으로 입증된다. 그것이 실제로 '경험'이었는지, 그리고 그 안에서 실제로 '성스러움'(das Heilige)이 경험되었는지는, 그것을 통해 개시된 '세계에 대한 새로운 시선' 안에서, 그리고 그것에 의해 구축된

능력, 곧 세계경험을 혼동될 수 없는 방식으로 해석하고 또 세계경험을 통해서 해석될 수 있는 능력 안에서 드러난다."(Schaeffler, 2004:189)

윌리엄 올스톤이 말하듯이, 과학의 영역에서 통용되는 객관성과 합리성의 척도를 종교의 영역에 적용하려는 것은 '인식적 제국주의'의 발상일 것이다.(William Alston, 1991:249) 반면에, 객관적 타당성의 문제에 대해서 셰플러가 종교적인 경험세계에 고유한 객관성의 규준으로써 대답한다고 해서, 그것이 곧 '종교 내부적인 관점'에만 국한된 것이라고 말할 수는 없을 것이다. 종교적인 경험이 일상의 삶의 경험들과의 '연관성'을 통해서 자신의 '이해될 수 있음'을 입증한다면, 종교적 경험에 고유한 이와 같은 '합리성'으로 종교적 경험의 '객관적 타당성'을 주장하는 셰플러의 이론은 쉽게 반박할 수 없는 것처럼 보인다.

종교적 경험의 '인식표지들'과 종교적 경험의 '합리성'에 대한 세플러의 고찰은, 결국 특별히 종교적인 경험이 중재하는 '진리'가 있음을 해명하기 위한 것이다. 그리고 그와 같은 진리는 다른 영역들 안에서 발견되는 진리들과 무관한 것이 아니라, 스콜라철학의 가르침인 '진리의 단일성'에 따라서 상보적인 것으로 보아야 할 것이다. 이런 맥락에서 셰플러가 자주 인용하는 다음

의 정식도 기억할만하다: "진리는 진리와 공명한다."(verum vero consonat)

## | 참고문헌 |

Alston, W.(1991). *Perceiving God*. Cornell University Press.
James. W.(1902). *Tha Varieties of Religious Experience*. Longmans, Green & Co. 김재영 옮김(2003), 『종교적 경험의 다양성』, 한길사.
Schaeffler, R.(1995). *Erfahrung als Dialog mit der Wirklichkeit*. Alber.
Schaeffler, R.(2004). *Philosophische Einübung in die Theologie. Bd I*. Alber.

#  06

# 종교적 경험의 신학적 의미

'종교현상학'은 어떤 한 종교 전승의 가르침을 대변하는 것이 아니라, 중립적인 입장에서 다양한 종교들에서 발견되는 종교 현상들을 연구하는 학문이다. 종교현상학의 방법론을 채택하고 있는 셰플러 또한 이러한 입장에서 종교적 경험의 고유성과 구조를 기술해왔다. 동시에 그는 유대-그리스도교 전승에 속해 있는 가톨릭 신자로서 '인격적인 신'에 대한 신앙을 고수하고 있다. 이런 배경에서 그는 종교적 경험에 내포된 '신학적인 의미'를 밝히고 있는데, 이는 특별히 그리스도교의 맥락 안에서 '철학과 신학과의 대화'를 촉진하기 위함이다.

## 네 가지 성서의미에 대한 이론

종교적 경험에 대한 셰플러의 '신학적 해석학'은 그리스도교 전통 안에서 사용되어 온 네 가지 성서의미에 대한 이론을 그

논거로 삼고 있다. 그것은 성서의 텍스트들이 우의적(allegorisch), 역사적(historisch), 상승적(anagogisch), 전향적(tropologisch) 의미에 따라서 주석될 수 있다는 이론이다. 셰플러의 관찰에 따르면, 이 이론은 오랫동안 성서에 대한 '자의적 해석'의 원천이라고 거부되었으나, 최근에는 '역사-비평적인' 성서탐구에 대한 대안으로서 때때로 고려의 대상이 되고 있다. 그 이유는, 이 이론이 단지 성서에 대한 역사적 정보를 전달해주는 데서 그치지 않고, 성서의 독자에게 성서 본문에 대한 '영적인 이해'를 가능하게 해주며, 그로써 그에게 '신앙, 희망, 사랑'의 신학적 차원을 열어주기 때문이라는 것이다.

종교적인 경험을 증언하고 있는 성서의 텍스트들이 비로소 이 네 가지 의미들을 일깨워주는 것이 아니라, 이미 종교적 경험 자체에 그런 의미의 계기들이 내포되어 있다는 셰플러의 견해는 주목할만한 발전적인 해석이다. 그것은, 동양의 격언을 빌리자면, '온고이지신'(溫故而知新)에 해당하는 학문적 통찰의 일례로 볼 수 있다.

## 종교적 경험의 '우의(寓意)적' 의미: 신앙

셰플러는 종교경험에 내포된 우의적 의미를 밝히기에 앞서서 '경험 일반의 우의적 의미'를 다음과 같이 설명하고 있다.

"그렇게 경험에는 다음과 같은 앎이 속해 있다. 곧 현재에 자신을 드러내는 것은 오늘 그것이 인식되도록 허용하는 것보다 '더 많은 그리고 다른 것을 의미한다'. 그리고 이 '더 많은 그리고 다른 것'은 미래의 회고 안에서야 비로소 나타나게 될 것이다. '더 많은 그리고 다른 것을 의미하다'는 말이 그리스어로 'Alla agoreuein'이라는 것을 상기한다면, 미래의 점진적 드러남에 유보된 이 의미의 잉여를 우리는 경험의 '우의적인' 의미계기라 부를 수 있다."(Schaeffler, 2004. Bd I:171)

셰플러가 종교적 경험에 대한 이론에 앞서 경험 일반의 대화적 성격을 먼저 밝히는 것이나, 여기서처럼 경험 일반의 우의적 의미를 먼저 해명하는 것은 종교적 경험의 인식론이 일반적인 인식론을 전제로 하며, 그것에 포섭된다는 것을 암시하는 것이다. 왜냐하면, 종교적인 경험의 영역은 일상의 영역을 떠나 존재하는 것이 아니기 때문이다. 마치 성서의 증언들이 우리의 일상적인 경험을 이해시켜주고, 역으로 우리의 일상적인 경험들이 성서가 증언하는 경험들을 알아들을 수 있게 해주는 것처럼 말이다. 그렇다면 이제 특별히 '종교적인 경험의 우의적 의미'는 어떻게 설명될 수 있을까?

종교적 경험 안에서도 경험의 당사자가 감지하고 파악하는 것보다 '더 많은 그리고 다른 의미'가 있으며, 이때 이 의미의 잉여는 다른 방식의 경험들과 비교했을 때, 거의 '무한대로까지' 상승한다. 따라서 여전히 감추어져 있는 이 의미는 계속될 수밖에 없는 또 다른 종교적 경험들을 통해서 '더 명백한 윤곽 안에서' 혹은 경탄의 정서를 수반하는 '항상 새로운' 의미로 나타나게 된다는 것이다.(Schaeffler, 2004. Bd II:77-80)

따라서 종교적 경험의 우의적 의미는 각각의 경험들이 결코 '최종적인' 것이 될 수 없다는 점을 일깨우며, 계속되는 경험들을 결코 '불필요한' 것으로 간주하지 않게 만드는 것이다. 이렇게 해서 종교적 경험의 우의적 의미는 경험 당사자가 '시간적인 차원'에 주의하도록 만들고, 각각의 경험들의 '잠정적 형태'를 넘어서서 '마지막 목적'을 의식하게 해주는 것이다. 이와 함께 '종말론적인 완성'에 대한 '신앙'이 생겨난다. 셰플러는 전통적으로 성서 본문의 우의적 의미가 '신앙의 의미'(sensus fidei)로도 불리고 있는 것은, 이 '마지막 목적'과 '종말론적인 완성'을 앞서서 내다보는 의식 때문이라고 해석하고 있다.

셰플러가 말하는 '성서적-신학적인 우의'는 전승된 역사에 대한 실제적인 주석이다. 그에 비해서, '헬레니즘의 신화 전승에 대한 우의'는 전승된 텍스트를 영원한 진리를 포장하고 있는 그림으로 이해하면서, 거기서 철학적으로 인식할 수 있는 이성적인 진리를 포착해내는 것이다. 이러한 차이에 대한 지적과 함께 셰플러는 시종일관 '역사성'의 범주를 강조하고 있다.

## 종교적 경험의 '역사적' 의미: 지식

여기서도 셰플러는 '경험 일반의 역사적 의미'를 먼저 해명하고 있다.

> "현실과의 대화의 모든 계속은 일단 자신을 드러낸 사건에 대한 충실한 기억을 요구할 것이다. 이러한 기억은 그 사건을 저마다의 새로운 경험적 상황의 변화하는 필요에 따라서 회고하는 데 있는 것이 아니라, 그 사건이 당시의 경험적 시간 안에서 현실의 요구에 대면하게 했던 것처럼, 그 사건의 영속적인 기억할만함(Denkwürdigkeit)을 인정하는 것이다. 이 영속적인 기억할만함의 계기가 미래의 현실과의 모든 대화를 규정하는 것인데, 이는 경험의 '역사적' 의미계기라 불릴 수 있다."(Schaeffler, 2004. Bd I:173)

셰플러에 따르면, '종교적' 경험 또한 늘 '기억할만한 것으로 남는' 사건이다. 이때 종교적 경험의 독특한 역사적 의미는 그러한 경험을 증언하는 '전승공동체의 역사'와 관련된다. 그 관

련성은 이런 것이다: 과거의 기억할만한 사건에 대한 역사적 반성은 단순히 '회고'로 그치는 것이 아니다. 그것은 전승공동체의 역사 안에서 미래세대의 새로운 경험을 비추어주고, 역으로 미래세대의 경험으로부터 과거의 기억할만한 종교적 경험이 새롭게 이해될 수 있다.

이러한 '해석학적 상호작용'은 과거의 기억할만한 사건 안에 담긴 진리성이 보존된다는 것을 뜻한다. 이런 맥락에서 셰플러가 인용하는 논리학자들의 정식, 곧 '한번 참으로 입증되었던 것은, 늘 참으로 남게 될 것이다'(semel verum semper verum)는 말은 새로운 경험으로부터 배우지도, 놀라지도 않는 경직된 태도의 표현이 아니다. 그것은 종교적인 현실(성스러움)과의 대화가 계속될 것이라는 신뢰를 구축하는 말로 이해될 수 있다는 것이다.

이렇게 "지속해서 기억할만한 종교적 사건과 그것이 개인이나 공동체의 역사와 맺는 관계를 파악하는 방식이 곧 종교적인 맥락에서 '지식'이라고 불리는 바의 것"(Schaeffler, 2004. Bd II:134)이기 때문에 종교적 경험의 역사적 의미는 '지식의 의미'(sensus scientiae)로도 불린다고 셰플러는 부연하고 있다.

과거의 사건 안에서 '영속적인 기억할만함'의 가치를 발견하는 일은, 과거에 그런 사건이 실제로 있었는지, 그 사실 여부를 확인하는 것만을 중시하는 '실증주의적'인 태도와는 분명히 구분된다. 셰플러가 의미하는 역사성은 이렇게 과거와 현재, 그리고 미래의 경험들 사이의 연속성을 구축하는 개념이다. 이때 역사의 연속성은 '안정성'(Stabilität)과 '불안정성'(Labilität), 곧 이미 구축된 역사적인 전승-맥락과 새로운 경험을 통한 그 맥락의 변화 및 확장으로 특징지어진다. 유대교로부터 그리스도교로의 발전이 그 범례가 될 것이다.

## 종교적 경험의 '상승적' 의미: 희망

경험 일반의 역사적 의미는 이제 그것의 '상승적' 의미와 결부되고 있다. 셰플러는 한번 경험 안에서 '참으로' 입증된 것은 그 자체가 '미래의 약속에 대한 신뢰(Zutrauen)'를 구축한다고 말한다.

"경험 자체는, 그것이 이러한 신뢰를 구축하는 한, 약속의 성격을 갖는다. 그것은 미래를 개시한다. 그것은 오류로 이끄는 것이 아니라 '위를 향해서 이끄는' 하나의 길이 될 것이다. 그 길은 늘 현실과 새로운 만남이 될 것이며, 그 만남으로부터 이전의 모든 만남의 의미 내용이 늘 더 분명히, 그리고 내용상 늘 더 규정된 것으로 개시될 것이다. 경험을 통해서 '위를 향해서 이끄는',

즉 '상승적인' 길 위에 서 있다는 확신이 경험의 '상승적' 의미계기를 형성한다."(Schaeffler, 2004. Bd I:174)

그런데 경험의 이와 같은 상승적 의미는 곤경과 난관으로 가득 찬 인간적 삶 안에서 확증될 수 있는 것인가? 더욱이 종교의 세계에서 경험되는 성스러움은 '생명과 죽음의 동시적 원천', 혹은 '전율과 환희의 신비'로서 이해되고 있지 않은가? 셰플러는 이런 상황을 직시하면서 특별히 '종교적인' 경험이야말로 미래의 상승에 대한 '희망의 의미'(sensus spei)를 내포한다고 말한다. 왜냐하면 '불행과 곤경, 죽음'의 경험 안에서도 종교적 경험의 당사자는 계속되는 '누멘적 자유'(numinose Freiheit)의 구원하는 힘을 경험하기 때문이라는 것이다. 그리스도교적으로 말하자면, 심판 역시 '반대의 형상'(sub contrario) 아래서 작용하고 있는 신적인 은총의 은폐-형태인 것이다.(Schaeffler, 2004. Bd II:95)

종교적 경험에 내포된 희망의 의미를 설명하기 위해서 셰플러는 로마서의 구절을 인용하고 있다: "그뿐만 아니라 우리는 환난도 자랑으로 여깁니다. 우리가 알고 있듯이, 환난은 인내를 자아내고, 인내는 수양을, 수양은 희망을 자아냅니다. 그리고 희망은 우리를 부끄럽게 하지 않습니다."(로마서 5, 3-5) 마치 이스라엘 백성이 역경의 시기를 겪으면서도 자신들을 구원의 길로 인도하는 '하느님의 신의'(Gottes Treue)에 희망을 둘 수 있었듯이, 종교적인 경험의 당사자는 역경 속에서도 자신의 계속되는 역사가 구원으로 향하는 길이 되리라는 것을 희망하게 된다는 것이다. 그래서 셰플러는 종교적 경험의 상승적 의미가 '역사를 향한 용기'(Mut zur Geschichte)를 중재한다고 말한다.(Schaeffler, 2004. Bd II:161)

'역사를 향한 용기'란 다시 말해서 예기치 않은, 우연적인 경험들로 채워지게 될 미래의 역사를 회피하지 않고, 개방적인 태도로 수용하는 것을 의미한다.

> "특별히 종교적인 맥락에서 자신의 역사의 미래 개방성을 향한 이 용기는, 인간들을 늘 재차 그들의 한계로 이끄는 성스러움이 바로 이 한계에 접해서 자신을 '신실한' 존재로 입증하고, 인간들을 새로운 삶의 방식으로 변화시킬 것이라는 신뢰로부터 유래한다. 종교적 지각이 [...] 이미 알아차리는 것은, 그것이 자신 안에 성스러움의 새롭고 생명을 선사하는 증여의 약속을 포함하고 있다는 점이다."(Schaeffler, 2014:68-69)

'희망'이라는 개념은 이렇게 종교적 경험의 한 의미 계기로서 발견되는 것일 뿐만 아니라, 신앙하는 인간의 실존을 특징짓는 덕이다. 셰플러의 해석에 따라 보자면, 그리스도교가 권장하는 복음의 세 가지 덕들(믿음, 희망, 사랑)은 종교적 경험을 통해 자라난다고 볼 수 있다.

## 종교적 경험의 '전향적' 의미: 사랑

종교적 경험은 '회심'(그리스어로 tropos)을 동반한다. 이때 종교적 경험에 특유한 회심의 의미는 어떠한 것인가? 셰플러는 그것이 단순히 '도덕적'인 의미를 넘어선다는 것을 '의례의 준수'와 관련지어 밝히고 있다. 왜냐하면 '행위'를 통한 종교적인 의례의 거행은 그 자체가 종교적 경험의 결과로 볼 수 있기 때문이다.

종교적 회심이란 전체적인 인간의 '변형'(Metamorphosis)인데, 그것은 곧 인간이 신성의 '그림이자 비유'(Bild und Gleichnis)가 되는 것을 의미한다. 그래서 의례의 거행자는 '의복과 가면'을 쓰고 철저히 신성의 구원하는 힘을 드러내고자 일체의 자기-지혜, 자기-성취, 곧 자신의 정의를 포기하게 되며, 인간적 삶 전체가 신적인 언사와 행위의 가시적인 출현형태가 되도록 애쓰게 된다는 것이다. 윤리적 행위를 수행함에서 오는 기쁨도 실은 성스러움의 도래에 봉사하는 이와 같은 '자기-포기'에 근거하는 것이다.(Schaeffler, 2004. Bd II:110-112)

이로부터 셰플러는 종교적 경험의 전향적 의미가 어째서 '사랑의 의미'(Sensus caritatis)로도 불리는지를 설명하고 있다: "저 희망찬 기쁨의 자기-포기는 종교적 인간이 성스러움의 처분에 자신을 맡기는 것으로서, 이는 성스러움의 작용의 현재-형태, 그리고 출현-형태가 되도록 변형되기 위한 것이다. 이것이 종교적 맥락에서 '사랑'이라 불리는 것이다."(Schaeffler, 2004. Bd II:116) 이와는 반대로, 신성의 힘을 자신의 목적 관철을 위한 수단으로 삼는 '주술적인 종교성'은 종교적 경험의 전향적 의미가 탈락하는 데서 생기는 현상이라고 셰플러는 말하고 있다.(Schaeffler, 2004. Bd II:117)

종교적인 회심이 곧 '사랑'의 의미로 해석되고 있는 것은 다소 의외로 들릴 수도 있다. 그러나 그리스도교의 맥락에서 사랑이 일차적으로 '하느님에 대한 사랑'을 의미한다면, 이렇게 하느님의 권능과 영광을 드러내기 위해서 자신은 철저히 가면 뒤로 물러나는 것을 '사랑'이라 칭할 수 있을 것이다. 그리고 이러한 사랑은 필연적으로 '이웃에 대한 사랑'으로 귀결될 것이다.

셰플러가 기술하고 있는 종교적 경험의 네 가지 의미들은 일견 그리스도교 신학을 전제로 하는 것처럼 보인다. 그러나 다른 종교 전승들 안에서 증언되고 있는 종교적 경험들 안에는 이러한 의미의 계기들이 없는 것인가? 이러한 물음은 셰플러가 이해하는 종교적 경험이 한 종교의 지반에 국한되지 않은 것이기에 가능한 것이다.

### | 참고문헌 |

Schaeffler, R.(2004). *Philosophische Einübung in die Theologie. Bd I*. Alber.

Schaeffler, R.(2004). *Philosophische Einübung in die Theologie. Bd II*. Alber.

Schaeffler, R.(2014). *Erkennen als antwortendes Gestalten*. Alber.

# 07

## 종교적 경험의 도야

## 도야를 통한 '응답하는 형성'

셰플러는 경험이 이루어지기 위해서는 경험하는 주체 편에서 모종의 '훈련'이 필요하다는 점을 말하고 있다. 그래서 윤리적인 경험이나 미적인 경험, 심지어 과학적인 탐구자의 시선 또한 훈련을 통한 진력을 요구한다는 것이다. 그는 이렇게 도야를 거친 경험을 '응답하는 형성'이란 개념으로 표현하고 있다. 그가 이런 개념을 얻어낸 것은 예술가들을 관찰하면서였다.

"[...] 나는 강가에 화가(畫架)를 세워 놓았던 몇몇 화가들을 응시할 기회를 가졌다. 거기서 내 주목을 끈 것은, 언제든 다시 풍경을 관찰하고 있었던 화가들의 모아진 주의력이었고, 동시에 그들의 캔버스 위에서 생겨난 것을 형성했던 창조적인 자유였다. 분명히도 그들은 생겨나고 있는 회화 안에서 그들의 눈에 제공된 풍경을 '복사하려는' 의도를 가지지는 않았다. 생성 중인 것으로 내가 관찰했던 회화들은 그것들을 만들어낸 예술가들의 형성력의 표현이었다. 그러나 마찬가지로 분명하게도, 그들은 자신의 고유한 형성의 원천과 척도를 그들의 눈에 제공된 것에서, 그리고 그들이 반복된 쳐다봄에서 적합하게 포착하고자 했던 것에서 발견하려는 의도를 가졌었다는 것이다."(Schaeffler, 2014:16)

'응답하는 형성'의 한 방식인 미적인 경험이 이런 '도야'를 거쳐서 이루어진다면, 종교적인 경험은 어떠한가? 셰플러는 우선, '눈이 열림'이라는 사건은 종교적인 맥락에서는 늘 강요할 수 없는 '선물'이라는 점을 확인하고 있다. 종교적으로 의미심장한 특별한 지각들을 위한 능력을 인간은 "소질이나 그것의 양육을 통해서가 아니라, 선택 그리고 그와 결부된 위탁을 통해서 얻게 되며, 이는 다른 인간들에게는 감추어져 있는 것을 증언하기 위해서"(Schaeffler, 2014:61)라는 것이다. 하지만 이때 중요한 것은, 바로 이러한 증언이 다른 사람들에게도 일상적인 지각함을 '도야하게' 함으로써, 그들 편에서 종교적인 지각의 가능성을 열어줄 수 있게 한다는 것이다.

## 종교적인 지각의 학교로서의 '예배'

셰플러의 경험이론에 따르면, '종교적인 경험'이 이루어지기 위해서는 그 전 단계로서 종교적 현실을 포착하는 '지각의 체험'이 선행되어야 한다. 그렇게 반복되는 지각의 체험들을 통해서 종교적인 대상의 동일성이 인식될 때, 비로소 객관적인 종교적 경험이 이루어지는 것이다. 그래서 중요한 것은, 인식 이전에 지각의 능력을 벼리고 신장하는 일이다. 셰플러는 종교적인 영역에서 이러한 도야를 돕는 중요한 원천을 '예배'에서 발견하고 있다.

종교적인 지각을 배우는 장소로 먼저 언급할 수 있는 것은 다른 사람들의 종교적 경험들에 대한 보도들, 곧 '종교적 설화들'이다. 이러한 보도들을 들으면서 우리 또한 눈이 열리고, 일상의 현실을 비추고 있는 성스러움의 현재를 지각할 때가 있다. 그리고 반복되는 독서와 묵상은, 마치 예술가들이 반복되는 바라봄을 통해서 그들의 지각능력을 벼리듯이, 우리의 영적인 지각능력을 신장시키는 데에 도움을 준다.

이러한 설화들은 개인들의 의식 안에서 뿐만이 아니라, 공동체 '예배'의 축제 안에서 재현되고 있다. 셰플러는 특별히 이러한 재현이 발생하는 예배의 중요성을 강조하면서, 몇 가지 범례들을 들고 있다. 두 가지 보기만 들어보자.

> **첫째 보기:** "축제거행자들은 그들의 말과 행동을 통해서 이 재현(Re-präsentatio)에 적극적으로 관여되어 있다. 그들은 이사야

처럼 스랍들(Seraphim)이 노래하는 것을 듣지 못했다. 그러나 그들은 예배 안에서 '세 번 거룩하시다'를 따라 부른다. 그들이 이를 행하면서 하게 되는 경험은, 신적인 이름의 발설이 하느님 스스로가 자신을 부를 수 있게 현전하는 방식에 대한 인간적인 응답이라는 것이다. 이러한 응답 안에서 하느님의 현재는 경험 가능한 그리고 활동적인 것이 된다."(Schaeffler, 2014:66)

둘째 보기: "축제거행자들은 바오로처럼, 그리스도가 자신의 이름을 부르는 것을 듣지 못한다. 그러나 그들은, 침묵하며 혹은 말로써, 처음의 전례적인 속죄행위로부터 전례 마지막의 '미사가 끝났으니 평화로이 가십시오'에 이르기까지 바오로가 그리스도의 이 부름에 응했던, 물어보는 응답을 내린다: '주님, 제가 무엇을 하기를 바라십니까?' 축제거행자들이 이런 혹은 다른 방식의 응답을 하도록 부름받았음을 알게 되면서 비로소 인지된 말의 의미 내용이 그들에게 개시된다. 그리고 그렇게 해서 비로소, 그렇지 않았다면 단지 상기된 과거로 남았을 것이 그들에게 실재하는 현재가 된다."(같은 곳.)

이 보기들에서 보듯이, 공동체가 예배 안에서 내리는 응답(고백과 찬미)은 성스러움의 재현이 효력을 발하게 되는 '응답하는 형성'의 한 방식이다. 그리고 미적인 경험과 마찬가지로, 여기서도 주체의 '응답하는 형성'을 가능하게 하는 근거는 대상 편에,

곧 '성스러움'의 작용에 있다.

그런데 개인적인 응답의 경우에서처럼, 예배라는 형식 안에서 공동체가 내리는 응답도 성스러움의 요구에 부응하기 위해서는 새롭게 갱신되어야만 한다. 그래서 상이한 종교들 안에서 이 응답의 올바른 형태가 애써서 구해지고 있음을 셰플러는 지적하고 있다. 즉 예배형태의 개혁들은 필수적이라는 것이다. 이는 종교사가 가르쳐주고 있는 것이기도 하다. 이렇게 본다면, "예배의 형태는 공동체와 그것의 권위들에 의해서 책임 있게 수행된 형성의 성과"이며, 곧 "반응적인 형성"의 성격을 가진다.(Schaeffler, 2014:67)

예배 안에서 과거의 표준적인 종교적 경험들, 곧 전승된 설화들에 대한 이해가 얻어지고 있으며, 이것은 축제거행자들 각자에게 위탁된 하느님의 '계명'을 인식하게 해준다. 그리고 이런 계명이 실천되어야 하는 장소는 예배 밖의 공간이다. 그렇다면 위탁받은 소명을 의식하는 종교인은 이제 일상적 경험들에 대해서도 벼려진 시선을 갖게 될 것이다. 곧 일상의 경험들 안에 담겨있는 종교적 의미가 새롭게 포착될 수 있다. 그리스도교적으로 말한다면, 일상을 구성하는 자연적인 요소들과 사건들은 언제든 '성스러움의 현재형태'가 될 가능성을 지닌 것들이며, 그것을 알아차릴 때, 신앙인들은 하느님의 은총과 섭리를 경험하게 되는 것이다. 이런 의미에서 셰플러는 '예배'를 '종교적 지각의 학교'라 부르고 있다.

예술인들과의 만남에서 깊은 인상을 받고, 지각과 경험은 현실의 요구에 대한 '응답하는 형성'이라는 자신의 논지의 타당성을 확증한 셰플러는, 종교적인 도야란 바로 이와 같은 '응답하는 형성'의 지각능력을 벼리는 데 있음을 강조하고 있다. 이 점에서 그는 이론과 실천의 통합을 지향하는 철학자이자, 종교교육자로서의 면모도 보여주고 있다.

| 참고문헌 |

Schaeffler, R.(2014). *Erkennen als antwortendes Gestalten*. Alber.